Guttentag'sche Sammlung
Nr. 50. Deutscher Reichsgesetze. Nr. 50.
Text-Ausgaben mit Sachregister.

Viehkauf

(Viehgewährschaft)

nach dem Bürgerlichen Gesetzbuche.

Text-Ausgabe mit Erläuterungen und Sachregister

von

Dr. Hans Stölzle,
Rechtsanwalt in Kempten (Bayern).

Mit einem Anhang:

Verordnung, betreffend die Hauptmängel und Gewährfristen beim Viehhandel. Vom 27. März 1899.

Erläutert von

Heinrich Weiskopf,
Königl. Kreisthierarzt
der k. Regierung von Schwaben und Neuburg in Augsburg.

Berlin.
J. Guttentag, Verlagsbuchhandlung,
G. m. b. H.
1899.

Vorwort.

Die Neuheit und Schwierigkeit der Bestimmungen des BGB. über die Gewährleistung von Mängeln beim Viehhandel veranlaßte mich, über diese Frage eingehende Untersuchungen anzustellen. Ich habe den juristischen Theil bearbeitet, Herr Kreisthierarzt Weiskopf in Augsburg hatte die Güte, die Erläuterung der in der kaiserlichen Verordnung vom 27. März 1899 enthaltenen Gewährsmängel zu besorgen.

Möge die Arbeit einen kleinen Beitrag zum besseren Verständniß des Gesetzes liefern.

Kempten im Allgäu, am 1. Mai 1899.

Dr. Hans Stölzle,
Rechtsanwalt.

Abkürzungen.

BGB. = Bürgerliches Gesetzbuch für das Deutsche Reich.

D. = Denkschrift zum Entwurf eines Bürgerlichen Gesetzbuches nebst drei Anlagen. Berlin, J. Guttentag 1896.

E. = Entwurf eines Bürgerlichen Gesetzbuches.

E. I = Der von der ersten Kommission ausgearbeitete Entwurf eines Bürgerlichen Gesetzbuches.

E. II = Der von der zweiten Kommission in erster Berathung beschlossene und auf amtliche Veranlassung 1894/1895 veröffentlichte Entwurf eines Bürgerlichen Gesetzbuches.

E. III = Der dem Reichstag vorgelegte Entwurf eines Bürgerlichen Gesetzbuches.

EG. = Einführungsgesetz zum Bürgerlichen Gesetzbuch.

Mot. = Motive zu dem Entwurfe eines Bürgerlichen Gesetzbuches für das Deutsche Reich. Amtliche Ausgabe. Berlin, J. Guttentag 1896.

RCPO. = Civilprozeßordnung für das Deutsche Reich vom 30. Januar 1897 und 17. Mai 1898.

RGVG. = Gerichtsverfassungsgesetz vom 27. Januar 1877 und 17. Mai 1898.

P. II = Protokolle der Kommission für die zweite Lesung des Entwurfes des Bürgerlichen Gesetzbuches. Im Auftrage des Reichs-Justizamts bearbeitet von Dr. Achilles, Dr. Gebhard und Dr. Spahn. Bd. I. Berlin, J. Guttentag 1897.

Litteraturangaben.

Buchka, Dr. Gerhard von, Vergleichende Darstellung des BGB. für das Deutsche Reich und des Gemeinen Rechts. 2. Aufl. Berlin 1898. Verlag von Otto Liebmann.

Cosack, Lehrbuch des Deutschen Bürgerlichen Rechts ꝛc. Erster Band. 2. Aufl. Jena 1899.

Endemann, Dr. F., Einführung in das Studium des BGB. 3. u. 4. Aufl. Berlin. Carl Heymanns Verlag. 1898.

Kuby, Ferdinand, Gesetz betr. die Gewährleistung bei Viehveräußerungen v. 26. März 1859. 4. Aufl. 1892.

Kuhlenbeck, Dr. jur. Ludwig, Das BGB. für das Deutsche Reich nebst dem Einführungsgesetze. Berlin 1898. Carl Heymanns Verlag.

Meisner, Das Recht der Schuldverhältnisse. Breslau 1898.

Planck, Dr. G., Bürgerliches Gesetzbuch nebst Einführungsgesetz. Berlin 1898. J. Guttentag.

Reatz, Dr. Justizrath, Die zweite Lesung des Entwurfes eines BGB. für das Deutsche Reich unter Gegenüberstellung der ersten Lesung. Carl Heymanns Verlag. Berlin 1893.

Rein, Dr. jur. Paul, Die Bestimmungen des BGB. über die Gewährleistung bei Viehveräußerungen rc. München 1899. J. Schweitzer.

Schollmeyer, Das Recht der einzelnen Schuldverhältnisse. Berlin 1897. J. Guttentag.

Völderndorff, Dr. Otto Frhr. von, Das Bayerische Gesetz vom 26. März 1859, die Gewährleistung bei Viehveräußerungen betreffend rc. 2. Aufl. 1883.

Die Bestimmungen des Bürgerlichen Gesetzbuches über Viehgewährschaft.

§. 481.

Für den Verkauf von Pferden, Eseln, Maulеseln und Maulthieren, von Rindvieh, Schafen und Schweinen gelten die Vorschriften der §§. 459 bis 467, 469 bis 480 nur insoweit, als sich nicht aus den §§. 482 bis 492 ein Anderes ergiebt.

§. 482.

Der Verkäufer hat nur bestimmte Fehler (Hauptmängel) und diese nur dann zu vertreten, wenn sie sich innerhalb bestimmter Fristen (Gewährfristen) zeigen.

Die Hauptmängel und die Gewährfristen werden durch eine mit Zustimmung des Bundesraths zu erlassende Kaiserliche Verordnung bestimmt. Die Bestimmung kann auf demselben Wege ergänzt und abgeändert werden.

§. 483.

Die Gewährfrist beginnt mit dem Ablaufe des Tages, an welchem die Gefahr auf den Käufer übergeht.

§. 484.

Zeigt sich ein Hauptmangel innerhalb der Gewährfrist, so wird vermuthet, daß der Mangel schon zu der Zeit vorhanden gewesen sei, zu welcher die Gefahr auf den Käufer übergegangen ist.

§. 485.

Der Käufer verliert die ihm wegen des Mangels zustehenden Rechte, wenn er nicht spätestens zwei Tage nach dem Ablaufe der Gewährfrist oder, falls das Thier vor dem Ablaufe der Frist getödtet worden oder sonst verendet ist, nach dem Tode des Thieres den Mangel dem Verkäufer anzeigt oder die Anzeige an ihn absendet oder wegen des Mangels Klage gegen den Verkäufer erhebt oder diesem den Streit verkündet oder gerichtliche Beweisaufnahme zur Sicherung des Beweises beantragt. Der Rechtsverlust tritt nicht ein, wenn der Verkäufer den Mangel arglistig verschwiegen hat.

§. 486.

Die Gewährfrist kann durch Vertrag verlängert oder abgekürzt werden. Die vereinbarte Frist tritt an die Stelle der gesetzlichen Frist.

§. 487.

Der Käufer kann nur Wandelung, nicht Minderung verlangen.

Die Wandelung kann auch in den Fällen der §§. 351 bis 353, insbesondere wenn das Thier geschlachtet ist, verlangt werden; an Stelle der Rückgewähr hat der Käufer den Werth des Thieres zu vergüten. Das Gleiche gilt in anderen Fällen, in denen der Käufer in Folge eines Umstandes, den er zu vertreten hat, insbesondere einer Verfügung über das Thier, außer Stande ist, das Thier zurückzugewähren.

Ist vor der Vollziehung der Wandelung eine unwesentliche Verschlechterung des Thieres in Folge eines von dem Käufer zu vertretenden Umstandes eingetreten, so hat der Käufer die Werthminderung zu vergüten.

Nutzungen hat der Käufer nur insoweit zu ersetzen, als er sie gezogen hat.

§. 488.

Der Verkäufer hat im Falle der Wandelung dem Käufer auch die Kosten der Fütterung und Pflege, die Kosten der thierärztlichen Untersuchung und Behandlung sowie die Kosten der nothwendig gewordenen Tödtung und Wegschaffung des Thieres zu ersetzen.

§. 489.

Ist über den Anspruch auf Wandelung ein Rechtsstreit anhängig, so ist auf Antrag der einen oder der anderen Partei die öffentliche Versteigerung des Thieres und die Hinterlegung des Erlöses durch einstweilige Verfügung anzuordnen, sobald die Besichtigung des Thieres nicht mehr erforderlich ist.

§. 490.

Der Anspruch auf Wandelung sowie der Anspruch auf Schadensersatz wegen eines Hauptmangels, dessen Nichtvorhandensein der Verkäufer zugesichert hat, verjährt in sechs Wochen von dem Ende der Gewährfrist an. Im Uebrigen bleiben die Vorschriften des §. 477 unberührt.

An die Stelle der in den §§. 210, 212, 215 bestimmten Fristen tritt eine Frist von sechs Wochen.

Der Käufer kann auch nach der Verjährung des Anspruchs auf Wandelung die Zahlung des Kaufpreises verweigern. Die Aufrechnung des Anspruchs auf Schadensersatz unterliegt nicht der im §. 479 bestimmten Beschränkung.

§. 491.

Der Käufer eines nur der Gattung nach bestimmten Thieres kann statt der Wandelung verlangen, daß ihm an Stelle des mangelhaften Thieres ein mangelfreies geliefert wird. Auf diesen Anspruch finden die Vorschriften der §§. 488 bis 490 entsprechende Anwendung.

§. 492.

Uebernimmt der Verkäufer die Gewährleistung wegen eines nicht zu den Hauptmängeln gehörenden Fehlers oder sichert er eine Eigenschaft des Thieres zu, so finden die Vorschriften der §§. 487 bis 491 und, wenn eine Gewährfrist vereinbart wird, auch die Vorschriften der §§. 483 bis 485 entsprechende Anwendung. Die im §. 490 bestimmte Verjährung beginnt, wenn eine Gewährfrist nicht vereinbart wird, mit der Ablieferung des Thieres.

§. 493.

Die Vorschriften über die Verpflichtung des Verkäufers zur Gewährleistung wegen Mängel der Sache finden auf andere Verträge, die auf Veräußerung oder Belastung einer Sache gegen Entgelt gerichtet sind, entsprechende Anwendung.

Einleitung.

I. Vorbemerkung.

Mit dem 1. Januar 1900 tritt das Bürgerliche Gesetzbuch in Kraft; damit ist die langersehnte Rechtseinheit auf dem Gebiete des Civilrechtes erreicht.

Ist diese Einheit auch keine vollständige, da ja die Regelung einer Reihe von Materien den Landesgesetzen überlassen bleibt, so ist es doch sehr zu begrüßen, daß gerade eine der wichtigsten Fragen des täglichen Verkehrs für das ganze Deutsche Reich einheitlich geregelt wurde, nämlich der Viehkauf oder die Gewährleistung von Mängeln beim Viehhandel.

Mit dem 1. Januar 1900 sind alle Bestimmungen der Landesgesetze über die Gewährleistung von Mängeln beim Viehhandel aufgehoben.

Die Regelung im BGB. ist eine einheitliche für das ganze Deutsche Reich, sie ist aber keine einfache.

Die Bestimmungen über Viehgewährschaft erscheinen als Spezialbestimmungen gegenüber den allgemeinen Vorschriften über Mängelgewähr.

Dadurch, daß die allgemeinen Vorschriften auch, aber nur insoweit Anwendung finden, als nicht Spezialvorschriften getroffen sind, wird die Anwendung des Gesetzes komplizirt.

Es ist oft sehr schwierig, zu entscheiden, inwieweit ein Paragraph, auf welchen verwiesen ist, „entsprechende" Anwendung findet.

Bietet das Gesetz schon für den Juristen Schwierigkeiten, so bietet es noch mehr für den Laien.

Meines Erachtens hätte gerade diese Materie, um auch für den Laien verständlicher zu sein, unter vollständiger Herausheben aus den allgemeinen Bestimmungen allein für sich erschöpfend geregelt werden müssen.

Daß eine derartige und zwar auch kurze Regelung möglich gewesen wäre, das beweisen die Spezialgesetze verschiedener Einzelstaaten.

II. Deutschrechtliches System des Bürgerlichen Gesetzbuches.

Das Bürgerliche Gesetzbuch hat unter den verschiedenen möglichen Systemen, nach welchen die Gewährleistung beim Viehhandel geregelt werden kann, das deutschrechtliche System gewählt.

Zur Erläuterung der verschiedenen möglichen Systeme folgen nachstehend wörtlich die vorzüglichen Ausführungen der Denkschrift:*)

„Für den Handel mit Hausthieren gelten im größten Theile Deutschlands besondere Vorschriften hinsichtlich der Gewährleistung wegen Mängel. Diese Vorschriften weichen jedoch im Einzelnen erheblich von einander ab. Es lassen sich drei verschiedene Systeme unterscheiden.

Nach dem römischrechtlichen System unterliegt der Handel mit Hausthieren den gleichen Bestimmungen wie der Kaufvertrag über andere Sachen. Die Haftung des Verkäufers erstreckt sich auf alle verborgenen Mängel, die zu der für die Haftung entscheidenden Zeit erweislich vorhanden gewesen sind, und der Käufer hat die Wahl zwischen

*) Denkschrift S. 65—67.

dem Rechte auf die Wandelung und dem auf Minderung. Nach dem deutschrechtlichen Systeme haftet dagegen der Verkäufer kraft Gesetzes nur für gewisse gesetzlich bestimmte Mängel, und im Allgemeinen auch für diese nur dann, wenn sie sich innerhalb einer gesetzlich bestimmten Gewährfrist offenbaren. Trifft letztere Voraussetzung zu, so wird bis zum Beweise des Gegentheils angenommen, daß die Mängel schon zur entscheidenden Zeit vorhanden gewesen sind. Dem Käufer steht regelmäßig nur die Wandelungsklage zu. Beide Systeme finden sich zum Theil in der Art mit einander verbunden, daß die Gewährleistung bei einzelnen Thiergattungen, insbesondere bei Pferden und Rindvieh, nach deutschrechtlichen, bei den übrigen nach römischrechtlichen Grundsätzen geregelt ist. Ein drittes, das gemischte System, hält im Allgemeinen an den Vorschriften des römischen Rechtes fest, stellt aber für die sogenannten Nachtkrankheiten, d. h. solche Krankheiten, die innerhalb vierundzwanzig Stunden hervortreten, sowie für gewisse Mängel bestimmter Hausthiere, falls sie sich innerhalb einer gewissen Frist offenbaren, die Vermuthung auf, daß sie bereits zu der entscheidenden Zeit vorhanden gewesen sind.

Das römischrechtliche System hat allgemeine Geltung in Mecklenburg-Schwerin, Sachsen-Weimar, Mecklenburg-Strelitz, Oldenburg, Braunschweig, Schwarzburg-Rudolstadt, Schaumburg-Lippe, Lippe-

Detmold, in den preußischen Bezirken des vormaligen Apellationsgerichts Köln und des vormaligen Justizsenats Ehrenbreitstein, sowie im größten Theile der Provinz Schleswig-Holstein. In Altenburg, Gotha, Anhalt, Lübeck, Bremen, Hamburg und im größeren Theile der Provinz Hannover gilt, während die Gewährleistung beim Pferdehandel nach deutschrechtlichen Grundsätzen geregelt ist, das römischrechtliche System für den Handel mit anderen Hausthieren. Dem gemischten System folgt das preußische allgemeine Landrecht, welchem sich im wesentlichen eine Waldeckische Verordnung angeschlossen hat. Im Königreiche Sachsen, im Großherzogthume Hessen und der vormaligen Landgrafschaft Hessen-Homburg ist das gemischte System mit dem deutschrechtlichen derart verbunden, daß letzteres für den Handel mit Pferden und Rindvieh, in Hessen und in der Landgrafschaft auch für den Handel mit weiteren Gattungen von Hausthieren gilt, während im übrigen das Erstere Platz greift. Das deutschrechtliche System ist durchgeführt in Bayern, Württemberg, Baden, Sachsen-Koburg, Sachsen-Meiningen (hier für den Handel mit Pferden und Rindvieh), Hohenzollern, den ehemals nassauischen und kurfürstlich hessischen Theilen der Provinz Hessen-Nassau, Frankfurt a. M. und Elsaß-Lothringen.

Der Entwurf folgt dem deutschrechtlichen Systeme, für welches sich auch die Kreise der Betheiligten überwiegend ausgesprochen haben. Ein Hauptvorzug dieses Systems liegt darin, daß es die Rechtssicherheit erhöht und zur Abschneidung von Prozessen dient. Nach dem römischrechtlichen Systeme muß in jedem einzelnen Streitfalle auf der Grundlage von Sachverständigengutachten, die sich häufig widersprechen, darüber entschieden werden, ob der von dem Käufer gerügte Mangel als ein verborgener und nach der Lage der Sache erheblicher anzusehen ist und ob er schon zu der für die Haftung entscheidenden Zeit vorhanden war. Dagegen beschränkt sich nach dem Systeme des Entwurfes die Beweispflicht des Käufers auf die ungleich leichter festzustellende Thatsache, daß ein Hauptmangel innerhalb der Gewährsfrist hervorgetreten ist. Das deutschrechtliche System trägt ferner den Bedürfnissen des Viehhandels besser Rechnung. Der Verkäufer ist von vornherein sicher, daß er nur bestimmte Mängel zu vertreten hat und auch sie nur, wenn sie innerhalb der Gewährfrist sich gezeigt haben. Dies kommt namentlich der landwirthschaftlichen Bevölkerung zu statten, welche an dem Viehhandel vorzugsweise durch Verkauf betheiligt ist. Eine erhebliche Benachtheiligung des Käufers ist andererseits von der Beschränkung der gesetzlichen Haftung nicht zu befürchten. Auch ihm ist in der Regel mit beschränkten, aber leichter durchführbaren Gewährleistungsansprüchen mehr gedient, als mit einer ausgedehnten Haftung des Verkäufers, deren praktische Geltendmachung durch die Schwierigkeit des Beweises beeinträchtigt wird. Soweit erforderlich, kann er sich im einzelnen Falle immer noch durch eine vertragsmäßige Erweiterung der Haftung schützen.

Aus den vorstehenden Erwägungen ergiebt sich zugleich die Ablehnung des gemischten Systems. Indem dasselbe, was den Umfang der Haftung betrifft, den römischrechtlichen Grundsätzen folgt, läßt es zu Ungunsten des Verkäufers die damit verbundene Rechtsunsicherheit bestehen; daneben aber wird dem Käufer durch Aufstellung von Vermuthungen für einzelne Hauptmängel die Rechtsverfolgung erleichtert und er so in einseitiger Weise begünstigt."

III. Uebersicht über den Inhalt des BGB. bezüglich der Gewährleistung von Mängeln beim Viehhandel.

1) Die Spezialbestimmungen der §§ 482—492 BGB. finden nur Anwendung auf den Verkauf oder jede andere entgeltliche Veräußerung von Pferden, Eseln, Mauleseln und Maulthieren, von Rindvieh, Schafen und Schweinen.

Bezüglich anderer Thiere als der voraufgeführten finden die allgemeinen Bestimmungen über Mängelgewähr Anwendung. (§§ 481 u. 493 BGB.)

2) Der Verkäufer haftet von Gesetzeswegen nur für die in der kaiserlichen Verordnung vom 27. März 1899 aufgeführten Hauptmängel.

Er haftet nur dann, wenn diese Hauptmängel innerhalb der in der kaiserlichen Verordnung bestimmten Gewährfristen sich zeigen.

Zeigt der Hauptmangel sich erst nach Ablauf der Gewährfrist, dann haftet der Verkäufer nicht. (§ 482 BGB.)

Zeigt sich aber der Hauptmangel innerhalb der Gewährfrist, dann wird vermuthet, d. h. es bedarf keines diesbezüglichen Beweises, daß der

Hauptmangel schon zur Zeit des Gefahrüberganges auf den Käufer vorhanden war. (§ 484 BGB.)

3) Nach dem BGB. hat nämlich der Verkäufer dafür zu haften, daß das verkaufte Thier im Momente des Gefahrüberganges von Hauptmängeln frei ist oder daß es zu dieser Zeit die zugesicherte Eigenschaft besitzt.

Die Gefahr d. h. die Haftung für zufälligen Untergang und zufällige Verschlechterung des Thieres geht auf den Käufer regelmäßig mit der Uebergabe oder dem ihr gleichstehenden Rechtsakte über. (§ 446 BGB.)

4) Beginn der Gewährfrist. Der Tag des Gefahrüberganges ist maßgebend für den Beginn der Gewährfrist. Dieser Tag des Gefahrüberganges wird nicht mitgerechnet; die Gewährfrist beginnt also mit dem auf den Tag des Gefahrüberganges folgenden Tag. (§ 483 BGB.)

5) Die Gewährfristen sind in der kaiserlichen Verordnung vom 27. März 1899 enthalten; sie sind sämmtlich nach Tagen bestimmt.

6) Der Käufer hat wegen des Vorhandenseins eines Hauptmangels bestimmte Rechte. Diese Rechte hat er aber nur dann, wenn er spätestens zwei Tage nach Ablauf der Gewährfrist oder, falls das Thier vor Ablauf der Gewährfrist getödtet worden oder sonst verendet ist, nach dem Tode des Thieres den Mangel dem Käufer anzeigt oder die Anzeige

an ihn absendet oder wegen des Mangels gegen den Verkäufer Klage erhebt oder diesem den Streit verkündet oder gerichtliche Beweisaufnahme zur Sicherung des Beweises beantragt.

Nimmt der Käufer keine der in § 485 BGB. bezeichneten Handlungen rechtzeitig, d. h. innerhalb der zweitägigen Frist vor, dann verliert er jeglichen Anspruch, den er wegen des Mangels an sich gehabt hätte.

Wenn jedoch der Verkäufer den Hauptmangel arglistig verschwiegen hat, dann tritt der Rechtsverlust nicht ein. (§ 485 BGB.)

Es ist das eine der wichtigsten Bestimmungen, welche ganz genau zu beachten ist.

7) Rechte des Käufers.

a) Der Käufer kann nur Rückgängigmachung des Vertrags (Wandelung), nicht aber Minderung des Kaufpreises verlangen.

Die Wandelung kann auch dann verlangt werden, wenn der Käufer aus irgend einem Grunde das Thier nicht zurückgeben kann z. B. weil er dasselbe geschlachtet hat. (§ 487 BGB.)

b) Schadensersatz kann der Käufer nur ausnahmsweise statt der Wandelung wahlweise verlangen. (Vergl. darüber die Ausführungen zu § 488 Note 4.)

c) Lieferung eines mangelfreien Thieres kann der Käufer dann verlangen, wenn ein nur der

Gattung nach bestimmtes Thier verkauft wurde. (§ 491 BGB.)

8) Pflichten des Käufers.

a) Der Käufer muß im Falle der Wandelung das Thier zurückgeben. (§ 346 BGB.)

b) Nutzungen muß der Käufer nur insoweit ersetzen, als er sie gezogen hat. (§ 487 Abs. 4 BGB.)

9) Pflichten des Verkäufers.

a) Der Verkäufer muß im Falle der Wandelung den Kaufpreis nebst 4% Zinsen hieraus vom Tage der Bezahlung an den Käufer zurückgeben. (§ 346, § 246 BGB.)

b) Der Verkäufer muß dem Käufer ersetzen:

α. Die Kosten der Fütterung und Pflege.

β. Die Kosten der thierärztlichen Untersuchung und Behandlung.

γ. Die Kosten der nothwendig gewordenen Tödtung und Wegschaffung des Thieres. (§ 488 BGB.)

10) Verjährung.

a) Der Anspruch auf Wandelung, auf Lieferung eines mangelfreien Thieres sowie der Anspruch auf Schadensersatz wegen eines Hauptmangels, dessen Nichtvorhandensein der Verkäufer zugesichert hat, verjährt in sechs Wochen vom Ende der Gewährfrist an.

b) Hat der Käufer einen Schadensersatzanspruch, so kann er auch nach Ablauf der Verjährung des Anspruches auf Wandelung die Bezahlung des Kaufpreises verweigern und mit der ihm zustehenden Schadensersatzforderung aufrechnen.

Voraussetzung ist jedoch, daß der Käufer rechtzeitig, d. h. innerhalb der zweitägigen Frist eine der in § 485 BGB. bezeichneten Handlungen vorgenommen hat. (§ 490 BGB.)

11) Wenn der Verkäufer die Gewährleistung wegen eines nicht zu den Hauptmängeln gehörenden Fehlers übernimmt oder wenn er eine Eigenschaft des Thieres zusichert, dann finden die §§ 487 bis 491 und, wenn eine Gewährfrist vereinbart ist, auch die Vorschriften der §§ 483—485 entsprechende Anwendung.

Die Verjährung des § 490 BGB. beginnt mit der Ablieferung des Thieres, wenn eine Gewährfrist nicht vereinbart ist.

(§ 492 BGB. cf. des Nähern die Anmerkungen zu § 492.)

Inhalts-Verzeichniß.

Allgemeine und Uebergangsbestimmungen.

1. Verhältniß des BGB. zu den Landesgesetzen.

Mit dem Inkrafttreten des BGB., also dem 1. Januar 1900, sind alle landesrechtlichen Bestimmungen über Viehgewährschaft aufgehoben, da diese Materie im BGB. geregelt ist.

(cf. Art. 55 des EG. zum BGB.)

2. Vorschriften über Verjährung während der Uebergangszeit.

Wie ist es bezüglich der Verjährung eines Gewährschaftsanspruches, der nach dem jeweils geltenden Landesgesetze mit Ablauf des Jahres 1899 noch nicht verjährt ist?

Hier gilt Folgendes:

a) Die Bestimmungen des BGB. über Verjährung bei Viehgewährschaftsansprüchen (§ 490 BGB.) finden auf die Viehgewährschaftsansprüche Anwendung, welche vor dem 1. Januar 1900 entstanden und am 1. Januar 1900 noch nicht verjährt sind.

(cf. Art. 169 EG. Satz 1.)

b) Der Beginn, die Hemmung und Unterbrechung der Verjährung bestimmen sich für die Zeit vor dem 1. Januar 1900 nach den bisherigen Landesgesetzen. (cf. Art. 169 EG. Satz 2.)

c) Wenn die Verjährungsfrist nach dem BGB. kürzer ist als nach den bisherigen Gesetzen, so wird die kürzere Frist des BGB. vom 1. Januar 1900 an berechnet.

(cf. Art. 169 EG. Abs. 2 Satz 1.)

Z. B. Nach dem BGB. § 490 beträgt die Verjährungsfrist 6 Wochen.

Nehmen wir nun an, es betrage nach einem der bisherigen Gesetze die Verjährungsfrist 7 Wochen.

In diesem Falle wird die 6wöchentliche Frist des BGB. vom 1. Januar 1900 an berechnet.

d) Wenn aber die in den bisherigen Gesetzen bestimmte längere Frist früher als die im BGB. bestimmte kürzere Frist abläuft, so ist die Verjährung mit dem Ablaufe der längeren Frist der bisherigen Gesetze vollendet.

Z. B. Nehmen wir an, es laufe die 7wöchentliche Frist ab am 20. Januar 1900, während die 6wöchentliche Frist des § 490 BGB. erst abläuft am 12. Februar 1900, so ist die Verjährung mit dem Ablauf des 20. Januar 1900 vollendet.

e) Ist die Verjährungsfrist nach dem BGB. länger als nach den bisherigen Gesetzen, so wird diese längere Frist des BGB. nicht vom 1. Januar 1900 an berechnet, sondern, da der Beginn der Verjährung nach den bisherigen Gesetzen sich bestimmt (Art. 169 Abs. 1 Satz 2 EG.) von dem Moment an, welcher nach den bisherigen Gesetzen als Beginn der Verjährung festgesetzt ist.

3. Zuständigkeit zur Entscheidung bei Rechtsstreitigkeiten über Viehmängel.

a) Sachlich zuständig zur Entscheidung über Rechtsstreitigkeiten wegen Viehmängel sind die Amtsgerichte und zwar ohne Rücksicht auf den Werth des Streitgegenstandes.

(cf. § 23 des RGVG.)

b) Für die örtliche Zuständigkeit gelten die gewöhnlichen Bestimmungen der RCPO. §§ 12 ff.

4. Verhältniß von Handelsgesetzbuch und Bürgerlichem Gesetzbuch.

Die Vorschriften des Handelsgesetzbuches, insbesondere die über sofortige Untersuchung und Mängelanzeige gelten für die Viehgewährschaft nicht.

Für die Viehgewährschaft sind lediglich die Vorschriften der §§ 481—492 BGB. maßgebend.

(cf. § 382 des neuen Handelsgesetzbuches.)

§. 481.

Für den Verkauf von Pferden, Eseln, Maulefeln und Maulthieren, von Rindvieh, Schafen und Schweinen gelten die Vorschriften der §§. 459 bis 467, 469 bis 480 nur insoweit, als sich nicht aus den §§. 482 bis 492 ein Anderes ergiebt.

E. I § 399; II § 416; III § 475. Mot. II S. 243—252. P. II Bd. 1 S. 718—727. D. S. 65—67.

1) Die allgemeinen Bestimmungen über Gewährschaft gelten für den Verkauf von Pferden ꝛc. nur soweit, als in den §§ 482—492 nicht abweichende Bestimmungen getroffen sind. Inwieweit letzteres der Fall ist, mag aus den nachfolgenden Erläuterungen zu den einzelnen Paragraphen ersehen werden.

2) Die Bestimmungen über Viehgewährschaft finden nur Anwendung auf den Verkauf von Pferden, Eseln, Mauleseln und Maulthieren, von Rindvieh, Schafen und Schweinen, also nicht auf den Verkauf von anderen Thieren z. B. Ziegen, Hunden, Hühnern, Tauben.

3) Die Bestimmungen über Viehgewährschaft gelten nur für den Verkauf von lebenden Thieren; auf den Verkauf von todten Thieren finden die allgemeinen Bestimmungen über Mängelgewähr Anwendung.
(cf. Arg. aus § 485 BGB.)

4) § 481 spricht nur vom Verkauf von Pferden 2c. Es finden aber die speziellen Bestimmungen über Viehgewährschaft nicht blos auf den Verkauf Anwendung, sondern auf jede entgeltliche Veräußerung oder Belastung.

(cf. darüber des Nähern unten § 493 BGB.)

§. 482.

Der Verkäufer hat nur bestimmte Fehler (Hauptmängel) und diese nur dann zu vertreten, wenn sie sich innerhalb bestimmter Fristen (Gewährfristen) zeigen.

Die Hauptmängel und die Gewährfristen werden durch eine mit Zustimmung des Bundesraths zu erlassende Kaiserliche Verordnung bestimmt. Die Bestimmung kann auf demselben Wege ergänzt und abgeändert werden.

E. I § 400; II § 417; III § 476. Mot. II. S. 252 bis 254. P. II S. 727—729. D. S. 67.

I. Der Verkäufer haftet nur für Hauptmängel. (Abs. 1 Satz 1.) Damit, daß das Gesetz den Verkäufer nur für bestimmte Fehler (Hauptmängel) haften läßt, ist ein doppeltes gesagt:

Einmal: Der Verkäufer haftet gesetzlich nur für die in der Kaiserlichen Verordnung aufgeführten Hauptmängel, er haftet nicht auch für andere Mängel des Thieres. Für andere Mängel als Hauptmängel haftet er nur, wenn dies durch Vertrag vereinbart ist.

Sodann: Die in der Kaiserlichen Verordnung als Hauptmängel bezeichneten Fehler sind solche, welche den Werth oder die Tauglichkeit des Thieres zu dem gewöhnlichen Gebrauch aufheben oder mindern (§ 459), d. h. es bedarf keines diesbezüglichen Beweises seitens des Käufers, es ist aber auch der Gegenbeweis des Verkäufers, daß der Hauptmangel den Werth ꝛc. nicht aufhebe oder mindere, ausgeschlossen.

II. Der Verkäufer haftet nur dann, wenn der Hauptmangel innerhalb der Gewährfrist **sich zeigt.** (Abs. 1 Satz 2.) Zeigt sich der Mangel erst nach Ablauf der Gewährfrist, dann haftet der Verkäufer nicht mehr; der Beweis, daß der Mangel schon zur Zeit des Gefahrüberganges vorhanden gewesen sei, wird nicht zugelassen.

III. Fälle, in welchen der Verkäufer **nicht haftet,** obwohl zur Zeit des Gefahrüberganges ein Hauptmangel vorhanden war, der innerhalb der Gewährfrist sich zeigte.

Der Verkäufer haftet nicht, d. h. der Käufer hat weder Anspruch auf Wandlung, noch auf Schadensersatz, noch im Falle des § 491 BGB. auf Lieferung eines mangelfreien Thieres:

1) Wenn der Käufer den Hauptmangel oder das Fehlen der zugesicherten Eigenschaft*) beim Abschluß des Kaufes kannte. (§ 460 Satz 1 BGB.)

Abgeschlossen ist der Kauf, wenn der Käufer den Antrag des Verkäufers angenommen hat. (§ 151 BGB.)

---

*) cf. auch Endemann, Einführung in das Studium des BGB., 3. u. 4. Aufl., § 161 S. 719 Note 7; Kuhlenbeck, § 460 Note 1. A. M. Schollmeyer, Das Recht der einzelnen Schuldverhältnisse, Berlin, Guttentag, 1897, S. 14.

Der Käufer muß beweisen, daß das Thier mit dem betr. Hauptmangel behaftet war oder daß die zugesicherte Eigenschaft fehlte und daß der Hauptmangel oder das Fehlen der zugesicherten Eigenschaft innerhalb der Gewährfrist sich zeigte. Dabei kommt ihm die Präsumption des § 484 BGB. zu Gute.

Der Verkäufer dagegen muß beweisen, daß der Käufer den Hauptmangel oder das Fehlen der zugesicherten Eigenschaft beim Kaufabschlusse kannte.

2) Wenn dem Käufer der Hauptmangel beim Kaufabschlusse in Folge grober Fahrlässigkeit unbekannt geblieben ist. (§ 460 Satz 2 BGB.)

Ist jedoch dem Käufer das Fehlen der zugesicherten Eigenschaft beim Kaufabschlusse aus grober Fahrlässigkeit unbekannt geblieben, so haftet der Verkäufer doch.

Grobe Fahrlässigkeit liegt dann vor, wenn der Käufer die im Geschäftsverkehr erforderliche Sorgfalt in besonders schwerer Weise außer Acht läßt. (§§ 276 und 277 BGB.)

(cf. auch Planck a. a. O. Buch I Bd. 1 S. 35ff.)

Der Käufer muß das Vorhandensein des Hauptmangels beweisen (Präsumption des § 484 BGB.); der Verkäufer dagegen muß beweisen, daß dem Käufer der Hauptmangel nur in Folge grober Fahrlässigkeit unbekannt geblieben ist.

Diesen letzteren Beweis des Verkäufers kann aber der Käufer dadurch entkräften, daß er seinerseits beweist, entweder

daß der Verkäufer die Abwesenheit des Hauptmangels ausdrücklich zusicherte,

oder

daß der Verkäufer den zur Zeit des Vertragsabschlusses vorhandenen Hauptmangel beim Kaufabschluß arglistig d. h. in Kenntniß des Mangels und in dem Bewußtsein, daß dem anderen Theil der Mangel unbekannt blieb, verschwieg. (§ 460 Satz 2 BGB.)

Ein argkistiges Verschweigen liegt nicht vor, wenn der Verkäufer die Mittheilung des Mangels in der wohlbegründeten Annahme unterlassen hat, daß der Käufer den Mangel kenne.

3) Wenn das Thier

a) auf Grund eines Pfandrechts,
b) in öffentlicher Versteigerung,
c) unter der Bezeichnung als Pfand für den Pfandgläubiger (dieser erscheint ja in diesem Falle als Verkäufer) verkauft wird.

Nur wenn sämmtliche unter a—c bezeichneten Erfordernisse vorliegen, haftet der Verkäufer nicht. (§ 461 u. § 1235 ff. BGB.)

Ueber den Begriff der öffentlichen Versteigerung vergl. § 383 Abs. 3 Satz 1 BGB. und unten § 489 Note 4.

α. Wenn dagegen eine andere Verkaufsart als öffentliche Versteigerung gewählt wird, z. B. Verkauf aus freier Hand (eine solche kann gemäß § 1245 BGB. zwischen dem Eigenthümer und dem Pfandgläubiger vereinbart werden), dann haftet der letztere d. h. der Verkäufer für die Hauptmängel.

β. Es könnte zweifelhaft erscheinen, ob der Pfandgläubiger, der das Vorhandensein einer bestimmten Eigenschaft bei dem in öffentlicher Versteigerung verkauften Thiere zugesichert hat, haftet oder nicht, da das Gesetz unter „Mangel der verkauften Sache" auch das Fehlen der zugesicherten Eigenschaft versteht, so daß auch hier § 461 BGB. Anwendung finden würde.

M. E. haftet der Pfandgläubiger aus der Zusicherung, weil aus dem Umstande, daß der Verkäufer (Pfandgläubiger) das Vorhandensein einer bestimmten Eigenschaft zusichert, sein Verpflichtungswille zu entnehmen ist; diese letztere Annahme dürfte deshalb richtig sein, weil jeder der Kontrahenten weiß, daß an sich bei Verkauf des Thieres in öffentlicher Versteigerung unter den Eingangs erwähnten Voraussetzungen **nicht** gehaftet wird.

Sichert daher der Pfandgläubiger das Vorhandensein einer Eigenschaft zu, so ist daraus ein Verpflichtungswille des Pfandgläubigers abzuleiten.

Es ist übrigens selbstverständlich, daß der Pfandgläubiger die Haftung auch für Gewährsfehler übernehmen kann.

4) Der Verkäufer haftet ferner nicht, wenn das im Wege der **Zwangsvollstreckung** für ihn gepfändete Thier auf Grund der Pfändung veräußert wird.*) (§§ 806, 814 ff. u. 825 RCPO.)

Es hat der Erwerber in diesem Falle keinen Anspruch auf Gewährleistung weder gegen den Gläubiger, noch gegen den Schuldner, noch gegen den Eigenthümer.

Da gemäß § 825 RCPO. das Vollstreckungsgericht auf Antrag des Gläubigers oder des Schuldners eine andere Art der Verwerthung anordnen kann, als die in § 814 RCPO. vorgeschriebene (öffentliche Versteigerung), so haftet der Verkäufer auch dann nicht, wenn das Thier nicht im Wege der öffentlichen Versteigerung veräußert wird; das ergiebt sich schon aus der allgemeinen Fassung des § 806 RCPO., der nur von „Veräußerung auf Grund der Pfändung" spricht.

5) Eine Haftung ist ferner ausgeschlossen, wenn gemäß § 489 BGB. das im Streit befindliche Thier **auf Anordnung des Richters öffentlich versteigert wird.**

---

*) Unrichtig Paul Rein a. a. O. S. 8. Im BGB. befindet sich allerdings keine derartige Bestimmung, wohl aber in der neuen RCPO. — Vergl. auch § 56 des Reichsgesetzes über die Zwangsversteigerung und die Zwangsverwaltung vom 24. März 1897.

Wer sollte in diesem Fall gewährspflichtig sein? Derjenige, welcher das Gesuch um Anordnung der Versteigerung stellt?

Das ist nicht wohl anzunehmen. Denn wenn z. B. der Käufer, welcher wegen des von ihm behaupteten Hauptmangels die Klage erhoben hat, die Anordnung der Versteigerung beantragt, so ist es natürlich ausgeschlossen, daß er dem Ansteigerer für das Nichtvorhandensein des Hauptmangels haften soll, dessen Vorhandensein er selbst behauptet. Das wäre ein Nonsens.

Die Sache wird noch komplizirter, wenn beide Parteien die Anordnung der Versteigerung beantragen.

Um diesen Konsequenzen zu entgehen, müssen wir auch hier die Gewährspflicht ausschließen.

Es ist also § 461 BGB. analog anzuwenden. Eine direkte Anwendung ist ausgeschlossen, da dort vorausgesetzt ist, daß das Thier auf Grund eines Pfandrechtes unter der Bezeichnung als Pfand in öffentlicher Versteigerung verkauft wird.

Uebrigens ist eine Gewährleistung schon deshalb ausgeschlossen, weil die Veräußerung erfolgt auf Grund der Anordnung des Richters, so daß die beiden Kontrahenten des ersten Vertrages zu dem Ansteigerer (gemäß § 489 BGB.) in gar kein Rechtsverhältniß treten. Wen sollte der Ansteigerer verklagen?

6) Wenn der Käufer nach dem Kaufabschlusse das mangelhafte Thier annimmt, obwohl er den Hauptmangel oder das Fehlen der zugesicherten Eigenschaft wirklich kennt.

Der Verkäufer haftet jedoch, wenn der Käufer bei der Annahme des mangelhaften Thieres sich seine Rechte wegen des Mangels ausdrücklich vorbehielt. (§ 464 BGB.)

Wenn der Käufer das mangelhafte Thier annimmt und wenn ihm der Hauptmangel oder das Fehlen der zugesicherten Eigenschaft aus bloßer grober Fahrlässigkeit unbekannt blieb, dann haftet der Verkäufer. Voraussetzung des § 464 BGB. ist also thatsächliche Kenntniß.

7) Wenn durch eine zwischen dem Käufer und dem Verkäufer getroffene Vereinbarung die Verpflichtung zur Gewährleistung wegen der Hauptmängel erlassen wurde. (§ 476 BGB.)

Beschränkt haftet der Verkäufer, wenn die Haftpflicht nur bezüglich bestimmter Hauptmängel ausgeschlossen wurde.

a) In diesen beiden Fällen ist jedoch die Vereinbarung nichtig, wenn der Verkäufer den zur Zeit des Abschlusses der Vereinbarung vorhandenen Hauptmangel kannte, denselben dem Käufer aber arglistig verschwieg, d. h. in Kenntniß des Mangels und in dem Bewußtsein, daß dem andern Theile der Mangel unbekannt blieb. (§ 476 BGB.)

Hat es jedoch der Verkäufer im guten Glauben unterlassen, den Käufer auf den Hauptmangel aufmerksam zu machen, z. B. weil er meinte, der Käufer sei schon unterrichtet, dann ist die Vereinbarung giltig, d. h. der Verkäufer haftet nicht bezw. nur beschränkt.

b) Diese Vereinbarung kann sowohl bei Abschluß des Vertrages als auch nachher, ausdrücklich oder stillschweigend getroffen werden (Mot. II S. 238), sie kann aus den begleitenden Umständen, aus den am Verkaufsort üblichen Redensarten und Handelsbräuchen entnommen werden.

Solche Redensarten*) sind z. B.: Ich verkaufe das Vieh,
wie es vor Augen steht,
wie die Kette fällt,
für Hagel und Wind,

*) cf. Völderndorff S. 126, Kuby Art. 3 S. 35.

mit Gewähr bis vor den Stall,
Haar um Haar,
staubaus 2c.

Auch aus der Festsetzung eines besonders niedrigen Preises kann unter Umständen entnommen werden, daß der Verkäufer seine Haftung ausschließen wollte und daß der Käufer damit einverstanden war.

Das sind natürlich nur Auslegungsbehelfe, welche den Richter veranlassen sollen, zu prüfen, ob es wirklich dem Willen der Parteien entspricht, daß jede Haftung ausgeschlossen werden soll.

IV. Kaiserliche Verordnung*) vom 27. März 1899, in welcher die Hauptmängel und Gewährfristen beim Viehhandel festgesetzt sind.

§ 1.

Für den Verkauf von Nutz- und Zuchtthieren gelten als Hauptmängel:

I. bei Pferden, Eseln, Mauleseln und Maulthieren:
1. Rotz (Wurm) mit einer Gewährfrist von . . . . 14 Tagen
2. Dummkoller (Koller, Dummsein) mit einer Gewährfrist von . . . . . . 14 Tagen
als Dummkoller ist anzusehen die allmählich oder in Folge der akuten Gehirnwassersucht entstandene, unheilbare Krankheit des Gehirns, bei der das Bewußtsein des Pferdes herabgesetzt ist;
3. Dämpfigkeit (Dampf, Hartschlägigkeit, Bauchschlägigkeit) mit einer Gewährfrist von . . . . 14 Tagen

*) Reichs-Gesetzbl. 1899 Nr. 13 S. 219 u. 220. Vergl. Anhang I.

als Dämpfigkeit ist anzusehen die Athembeschwerde, die durch einen chronischen, unheilbaren Krankheitszustand der Lungen oder des Herzens bewirkt wird;

4. Kehlkopfpfeifen (Pfeiferdampf, Hartschnaufigkeit, Rohren) mit einer Gewährfrist von . . . . 14 Tagen

als Kehlkopfpfeifen ist anzusehen die durch einen chronischen und unheilbaren Krankheitszustand des Kehlkopfs oder der Luftröhre verursachte und durch ein hörbares Geräusch gekennzeichnete Athemstörung;

5. periodische Augenentzündung (innere Augenentzündung, Mondblindheit) mit einer Gewährfrist von . . 14 Tagen

als periodische Augenentzündung ist anzusehen die auf inneren Einwirkungen beruhende, entzündliche Veränderung an den inneren Organen des Auges;

6. Koppen (Krippensetzen, Aufsetzen, Freikoppen, Luftschnappen, Windschnappen) mit einer Gewährfrist von 14 Tagen

II. bei Rindvieh:

1. tuberkulöse Erkrankung, sofern in Folge dieser Erkrankung eine allgemeine Beeinträchtigung des Nährzustandes des Thieres herbeigeführt ist, mit einer Gewährfrist von . . . 14 Tagen

2. Lungenseuche mit einer Gewährfrist von . . . . 28 Tagen

III. bei Schafen:

Räude mit einer Gewährfrist von . 14 Tagen

IV. bei Schweinen:
1. Rothlauf mit einer Gewährfrist von 3 Tagen
2. Schweineseuche (einschließlich Schweinepest) mit einer Gewährfrist von . . . . 10 Tagen

§ 2.

Für den Verkauf solcher Thiere, die alsbald geschlachtet werden sollen und bestimmt sind, als Nahrungsmittel für Menschen zu dienen (Schlachtthiere), gelten als Hauptmängel:

I. bei Pferden, Eseln, Mauleseln und Maulthieren:
Rotz (Wurm) mit einer Gewährfrist von . . . . 14 Tagen
II. bei Rindvieh:
tuberkulöse Erkrankung, sofern in Folge dieser Erkrankung mehr als die Hälfte des Schlachtgewichts nicht oder nur unter Beschränkungen als Nahrungsmittel für Menschen geeignet ist, mit einer Gewährfrist von . . . 14 Tagen
III. bei Schafen:
allgemeine Wassersucht mit einer Gewährfrist von . . . . 14 Tagen
als allgemeine Wassersucht ist anzusehen der durch eine innere Erkrankung oder durch ungenügende Ernährung herbeigeführte wassersüchtige Zustand des Fleisches;
IV. bei Schweinen:
1. tuberkulöse Erkrankung unter der in der Nr. II bezeichneten Voraussetzung mit einer Gewährfrist von 14 Tagen
2. Trichinen mit einer Gewährfrist von 14 Tagen
3. Finnen mit einer Gewährfrist von 14 Tagen

Erläuterungen zu Ziff. IV.

1) Die kaiserliche Verordnung setzt die Hauptmängel und die Gewährfristen verschieden fest:

a) Wird ein Thier als Nutz- und Zuchtthier — den Gegensatz bildet Schlachtthier — verkauft, so gelten die Hauptmängel und die Gewährfristen des § 1 der kaiserlichen Verordnung.

b) Für den Verkauf von Schlachtthieren hat die kaiserliche Verordnung in § 2 die Hauptmängel und Gewährfristen besonders bestimmt.

Voraussetzung für die Anwendung des § 2 ist jedoch, daß das Thier zum Schlachten verkauft wird und daß dasselbe bestimmt ist, als Nahrungsmittel für Menschen zu dienen.

Wenn also ein Oekonom eine Kuh an den Abdecker (Wasenmeister) verkauft, so ist dieses Thier natürlich nicht als Nahrungsmittel für Menschen bestimmt. Es tritt in einem solchen Falle keine Gewährspflicht ein.

Das Gleiche gilt, wenn z. B. ein Menageriebesitzer für seine Löwen einen alten Gaul kauft. Auch hier ist die Voraussetzung des § 2 nicht gegeben.

2) Im Uebrigen macht das BGB. keinen Unterschied, ob ein Thier als Nutz- und Zuchtthier oder als Schlachtthier verkauft wird.

Es gelten also in beiden Fällen alle Bestimmungen des BGB. gleichmäßig im Gegensatze zu den Bestimmungen verschiedener Landesgesetze.

(cf. auch unten § 487 III Ziff. 4.)

3) Zu beachten ist, daß sämmtliche Gewährfristen nur nach Tagen und nicht nach Wochen bestimmt sind.

4) Die kaiserliche Verordnung kann mit Zustimmung des Bundesrathes jederzeit abgeändert werden; es ist dadurch eine größere Beweglichkeit erreicht, wodurch den Interessen des Verkehrs mehr gedient ist, als wenn eine Aenderung nur in der Form des Gesetzes erfolgen könnte.

§. 483.

Die Gewährfrist beginnt mit dem Ablaufe des Tages, an welchem die Gefahr auf den Käufer übergeht.

E. I § 401; II § 418; III § 477. Mot. II S. 254. P. II Bd. I S. 736. D. S. 67.

Der Verkäufer haftet dafür, daß das Thier zu der Zeit, zu welcher die Gefahr auf den Käufer übergeht, von Hauptmängeln frei ist und daß es zu dieser Zeit die zugesicherte Eigenschaft besitzt. (§§ 459 u. 482 BGB.)

A. Uebergang der Gefahr.

I. Uebergang der Gefahr mit der Uebergabe des Thieres.

1) Die Gefahr, d. h. die Haftung für zufälligen Untergang oder zufällige Verschlechterung des Thieres geht auf den Käufer des Thieres erst über mit der Erfüllung des Vertrages, also mit der Uebergabe des Thieres. (§§ 446 Abs. 1 Satz 1 BGB.)

Der Uebergabe stehen gleich:

a) die **brevi manu traditio** d. h. die Einigung über den Uebergang des Eigenthums, wenn der Käufer das Thier bereits besitzt, sei es als unmittelbarer Besitzer z. B. als Nießbraucher, Pfandgläubiger, Pächter, Miether, Verwahrer 2c. oder als mittelbarer Besitzer; z. B.: B hat von A ein Pferd gemiethet; der Miether B vermiethet nun dieses Pferd weiter an C; in diesem Falle hat A mittelbaren Besitz gegenüber B, B hat mittelbaren Besitz gegenüber dem Aftermiether C.

A will nun das Pferd verkaufen. Hier wird die Uebergabe an B dadurch ersetzt, daß A und B sich über den Uebergang des Eigenthums einigen und damit geht die Gefahr auf B über. (§ 929 Satz 2 u. § 868 BGB.)

b) Wegnahme des Thieres durch den Gerichtsvollzieher zum Zwecke der Ablieferung an den Käufer, wenn der Verkäufer zur Uebertragung des Eigenthums verurtheilt ist. Die Uebergabe gilt als erfolgt mit der Wegnahme des Thieres zum Zwecke der Ablieferung. (§ 897 RCPO.)

c) Der Abschluß eines constitutum possessorium: Wenn der Eigenthümer (der Verkäufer) im Besitze des Thieres ist, dann kann die Uebergabe dadurch ersetzt werden, daß zwischen dem Eigenthümer und dem Erwerber ein Rechtsverhältniß vereinbart wird, vermöge dessen der Erwerber den mittelbaren Besitz erlangt. Es wird also vereinbart, daß von dem und dem Tage an der Eigenthümer (also derjenige, welcher das Thier verkauft, der Verkäufer) das Thier als Nießbraucher, Pfandgläubiger, Pächter, Miether 2c. besitzen soll, so daß der Käufer durch die Mittelsperson des Verkäufers den Besitz ausübt, also nur mittelbaren Besitz hat. (§ 868 u. § 930 BGB.)
Die Vereinbarung ist formlos.

d) Vindikationscession.

Wenn ein Dritter im Besitze des Thieres ist und wenn der Eigenthümer dem Erwerber den Anspruch auf Herausgabe des Thieres abtritt, so gilt die Uebergabe als vollzogen mit dem Moment des Vertragsabschlusses. (§§ 931, 398 ff. u. 151 BGB.)

2) Wenn der Verkäufer dem Erwerber das Thier an den Erfüllungsort — Gegensatz siehe unten sub II, 2 — sendet, dann geht die Gefahr auf den Erwerber über erst mit der Uebergabe am Erfüllungsort. (§ 447 BGB.)

Vor der Uebergabe trägt also der Verkäufer die Gefahr.

Ueber den Erfüllungsort vergl. unten IV.

II. Uebergang der Gefahr auf den Käufer vor der Uebergabe.

Vor der Uebergabe geht die Gefahr auf den Käufer über:

1) Wenn dies unter den Parteien vereinbart ist.

2) Wenn der Verkäufer auf Verlangen des Käufers das Thier, auch wenn dasselbe nur der Gattung nach bestimmt ist, nach einem andern Orte als dem Erfüllungsorte sendet; hier geht die Gefahr auf den Käufer über, sobald der Verkäufer das Thier dem Spediteur, dem Frachtführer oder der sonst zur Ausführung der Versendung bestimmten Person oder Anstalt ausgeliefert hat. (§ 447 Abs. 1 BGB.)

3) Wenn ein nur der Gattung nach bestimmtes Thier geschuldet wird, dann geht die Gefahr auch vor der Uebergabe auf den Käufer über, nämlich mit dem Zeitpunkt, in welchem der Käufer dadurch in Verzug kommt, daß er die aus der Gattung ausgeschiedene und ihm angebotene Spezies nicht annimmt; es ist also erforderlich, daß der Verkäufer z. B. ein Pferd ausgewählt und dem Käufer angeboten hat; wenn nun der Käufer dieses Pferd nicht annimmt, so kommt er damit in Verzug und mit diesem Moment geht die Gefahr auf den Käufer über. (§ 300 Abs. 2 u. § 243 Abs. 2 BGB.)

Für das Anbieten gelten die Vorschriften der §§ 298 ff. BGB. cf. unten sub IV.

(cf. Endemann a. a. O. § 119 Note 10 S. 515, Planck BGB. nebst Einführungs-Gesetz Lief. 3 § 300 Note 3 Abs. 2, a. M. Meisner, das Recht der Schuldverhältnisse, Breslau, 1898 § 300 Anm. Abs. 2.)

4) Wenn der Erbe die ihm angefallene Erbschaft verkauft, dann trägt der Käufer von dem Abschlusse des Kaufes an die Gefahr des zufälligen Unterganges

und einer zufälligen Verschlechterung der zur Erbschafts-masse gehörigen Thiere.

(§§ 2371 ff. u. § 2380 BGB.)

III. Uebergang der Gefahr beim suspensiv und resolutiv bedingten Kauf, beim Kauf in Pausch und Bogen.

1) Beim suspensiv bedingten Kauf trägt, solange das Thier noch nicht übergeben ist, selbstverständlich der Verkäufer die Gefahr. Das Gleiche muß aber auch gelten, wenn die Sache, das Thier bereits übergeben ist, da gemäß § 158 BGB. die Wirkung des unter einer aufschiebenden Bedingung abgeschlossenen Geschäftes erst mit dem Eintritte der Bedingung sich äußert.

Während des Schwebens der Bedingung trägt also der Verkäufer die Gefahr. Die naturgemäße Folge ist, daß während des Schwebens der Bedingung für den Käufer eine Gewährfrist nicht laufen kann. (Arg. aus § 483 BGB.) Die Gefahr geht auf den Käufer erst über existente condicione.

2) Beim Kauf auf Probe geht die Gefahr ebenfalls erst über existente condicione, da der Kauf auf Probe im Zweifel unter der aufschiebenden Bedingung der Billigung geschlossen ist.

(Vergl. § 495 ff. BGB.)

3) Beim resolutiv bedingten Kauf gilt nichts Besonderes, die Gefahr geht über mit der Uebergabe oder dem ihr gleichstehenden Rechtsakt, da hier die Wirkungen des Rechtsgeschäftes ohne Weiteres eintreten.

(§ 158 Abs. 2 BGB).

4) Für den Kauf in Pausch und Bogen gilt nichts Besonderes, außer es ist die Absicht der Parteien auf ein Absehen von dem Untergange einzelner Stücke oder von deren Beschaffenheit gerichtet.

(cf. Mot. Bd. II S. 325.)

IV. Uebergang der Gefahr bei Verzug des Gläubigers (des Käufers) in der Annahme des Thieres.

In diesem Falle geht die Gefahr auf den Käufer über mit dem Moment, wo derselbe mit der Annahme des Thieres in Verzug kommt. (§ 293 u. § 300 BGB.)

Letzteres ist aber dann der Fall, wenn der Käufer die ihm am rechten Ort (§ 269 BGB.) und zur rechten Zeit (§ 271 BGB.) realiter angebotene Leistung, die sich vollinhaltlich als Erfüllung der Obligation darstellt, nicht annimmt. (§ 293 BGB.)

Irgend ein Verschulden des Käufers ist nicht erforderlich.

Bei den nachstehenden Ausführungen ist immer § 242 BGB. zu beachten, wonach der Schuldner verpflichtet ist, die Leistung so zu bewirken, wie Treu und Glauben mit Rücksicht auf die Verkehrssitte es erfordern.

1) Ort der Leistung.

Am rechten Ort muß die Leistung angeboten worden sein.

Die Leistung, in unserm Falle also die Lieferung des Thieres, hat zu erfolgen:

a) an dem Orte, welcher ausdrücklich oder stillschweigend als Ort der Leistung bestimmt oder nach den Umständen, dem muthmaßlichen, nach Treu und Glauben im Verkehr zu bemessenden Willen der Parteien als solcher zu betrachten ist. (§ 269 Abs. 1 BGB.)

b) wenn diese eben erwähnten Voraussetzungen nicht zutreffen, an dem Ort, an welchem der Schuldner (der Verkäufer) zur Zeit der Entstehung des Schuldverhältnisses seinen Wohnsitz hatte. (§ 269 Abs. 1 BGB.)

Im Zweifel hat also, wenn die Voraussetzungen **sub a** nicht gegeben sind, der Käufer des Thieres (der Gläubiger) dasselbe am Wohnsitze des Verkäufers (des Schuldners) abzuholen (Holschuld).

Ueber den Begriff „Wohnsitz“ vergl. § 7 ff. BGB.

Hat der Verkäufer (Schuldner) einen mehrfachen Wohnsitz, dann hat er die Wahl, an welchem Wohnsitz er erfüllen will, er kann also an jedem der mehreren Wohnsitze die Erfüllung anbieten.

Behauptet der Käufer oder Verkäufer einen anderen Erfüllungsort als den Wohnsitz des Schuldners (Verkäufers), dann muß der Behauptende dies beweisen.

Hat der Schuldner keinen Wohnsitz zur Zeit des Vertragsabschlusses, so tritt an Stelle des Wohnsitzes der Aufenthaltsort zur genannten Zeit.

c) Wenn die Verbindlichkeit im Gewerbebetrieb des Schuldners (Verkäufers) entstanden ist, und wenn die gewerbliche Niederlassung des Schuldners an einem anderen Orte sich befindet als am Wohnsitz des Schuldners, dann hat die Leistung am Orte der gewerblichen Niederlassung und nicht am Wohnsitze des Schuldners zu erfolgen. (§ 269 Abs. 2 BGB.)

Wenn z. B. ein Pferdehändler in seinem Gewerbebetrieb Pferde verkauft, so hat er am Orte seiner gewerblichen Niederlassung zu erfüllen, wenn er einen vom Orte der gewerblichen Niederlassung verschiedenen Wohnsitz hat.

Hat der Schuldner (Verkäufer) mehrere gewerbliche Niederlassungen, dann hat er an dem Orte der gewerblichen Niederlassung zu erfüllen, an welchem die Verbindlichkeit entstanden ist.

d) Hat der Schuldner (Verkäufer) die Kosten der Versendung des Thieres übernommen, so folgt aus diesem Umstande allein noch nicht, daß der Ort, nach welchem die Versendung zu erfolgen hat, auch der Leistungsort sein soll. (§ 269 Abs. 3 BGB.)

2) Zeit der Leistung.

a) Es muß zu der ausdrücklich oder stillschweigend festgesetzten oder aus den Umständen zu entnehmenden Zeit geleistet werden. (§ 271 Abs. 1 BGB.)

Wenn eine Zeit für die Leistung bestimmt ist, so ist im Zweifel anzunehmen, daß der Gläubiger die Leistung nicht vor diesem Zeitpunkt verlangen, der Schuldner (Verkäufer) aber sie vorher bewirken kann. (§ 271 Abs. 2 BGB.)

b) Ist die Leistungszeit nicht bestimmt, dann kann der Gläubiger (Käufer) die Leistung sofort verlangen, der Schuldner (Verkäufer) sie sofort bewirken. (§ 271 Abs. 1 BGB.)

In diesem Falle jedoch — wenn also die Leistungszeit nicht bestimmt ist — sowie dann, wenn der Schuldner (Verkäufer) berechtigt ist, vor der bestimmten Zeit zu leisten (cf. sub 2a Abs. 2 dieser Erläut.), kommt der Gläubiger nicht in Verzug, wenn er nur vorübergehend an der Annahme der angebotenen Leistung verhindert ist. (§ 299 BGB.)

Eine Verhinderung liegt aber nur dann vor, wenn vom Willen des Gläubigers (Käufers) unabhängige Ereignisse ihm die Annahme der Leistung unmöglich machten, mag nun das Eintreten dieser Ereignisse auf einem Verschulden des Gläubigers beruhen oder nicht.

Der Schuldner (Verkäufer) hat sein Angebot, der Gläubiger (Käufer) die vorübergehende Verhinderung zu beweisen.

Der Gläubiger (Käufer) kann sich jedoch auf eine vorübergehende Behinderung nicht berufen, wenn der Schuldner (Verkäufer) ihm die Leistung angemessene Zeit vorher angekündigt hat. Der Gläubiger (Käufer) kommt in diesem Falle durch die Nichtannahme in Verzug. (§ 299 i. f. BGB.)

c) Ist an einem bestimmten Tage die Leistung zu bewirken und fällt dieser Tag auf einen Sonntag oder einen am Leistungsorte staatlich anerkannten allgemeinen Feiertag, so hat die Leistung am nächstfolgenden Werktage zu erfolgen. (§ 193 BGB.)

3) Anbieten der Leistung.

Der Verzug tritt erst dann ein, wenn der Schuldner (Verkäufer) dem Gläubiger (Käufer) die Leistung angeboten hat. (§ 293 BGB.)

a) Wer hat die Leistung anzubieten?

Der Schuldner hat die Leistung dann anzubieten, wenn er in Person zu leisten hat.

Ist dies nicht der Fall, dann kann das thatsächliche Anbieten auch durch einen Dritten Namens des Schuldners erfolgen, wenn der Schuldner nicht widerspricht. (§ 294 u. § 267 BGB.)

b) Wem muß die Leistung angeboten werden?

Das Angebot muß erfolgen an den Gläubiger; es kann aber auch an den Stellvertreter des Gläubigers mit der gleichen Wirkung wie an diesen erfolgen, wenn der Stellvertreter Vertretungsvollmacht besitzt. (§ 164 Abs. 3 BGB.)

c) Realoblation.

Regelmäßig ist erforderlich thatsächliches Anbieten der Leistung (Realoblation), wodurch der Gläubiger (Käufer) Kenntniß von der Oblation des Schuldners erhält, der damit zugleich sein Leistungsvermögen darthut. (cf. unten Zusatz zu 1—5.)

Das thatsächliche Anbieten hat am rechten Ort zu erfolgen. (cf. oben sub IV 1.)

d) Verbaloblation.

Ausnahmsweise genügt auch wörtliche Erklärung der Erfüllungsbereitschaft (Verbaloblation) des Schuldners (im Gegensatz zu § 294 BGB., cf. oben IV 3a genügt das wörtliche Anbieten eines Dritten nicht, um den Gläubiger in Verzug zu setzen).

α) Wenn der Gläubiger (Käufer) dem Schuldner (Verkäufer) — nicht etwa einem zur Leistung bereiten Dritten — erklärt hat, daß er die Leistung nicht annehmen werde. (§ 295 BGB.)

β) Wenn zur Bewirkung der Leistung eine Handlung des Gläubigers erforderlich ist, z. B. wenn der Käufer das Thier vom Verkäufer abholen muß, was die Regel ist. (cf. oben IV 1 b.)

Kommt der Käufer, um das Thier abzuholen, dann muß natürlich der Verkäufer das Thier realiter anbieten; nimmt dann der Käufer das Thier nicht an, dann kommt er in Verzug. — Kommt aber der Verkäufer nicht, dann genügt Verbaloblation und es kommt der Käufer in Verzug, wenn er sich zur Empfangnahme des Thieres auf das wörtliche Anbieten hin nicht einfindet.

Wenn dann der Käufer auf die wörtliche Erklärung der Erfüllungsbereitschaft hin rechtzeitig erscheint, um das Thier abzuholen, so ist natürlich wieder Realoblation durch den Verkäufer erforderlich.

Dem wörtlichen Anbieten steht die Aufforderung an den Gläubiger gleich, die erforderliche Handlung vorzunehmen, z. B. die Aufforderung, das Thier abzuholen. (§ 295 BGB.)

Zu α und β.

Für das wörtliche Anbieten sowie die Aufforderung des Schuldners (Verkäufers) gelten die Bestimmungen der §§ 130 ff. BGB. (vergl. auch unten § 487 II Ziff. 1 ff.)

e) Weder Real- noch Verbaloblation ist erforderlich, wenn für die vom Gläubiger vorzunehmende Handlung eine Zeit nach dem Kalender bestimmt ist und der Gläubiger die Handlung nicht rechtzeitig vornimmt.

Wenn z. B. der Käufer vereinbarungsgemäß das gekaufte Thier am 1. Mai abholen soll, wenn er aber am 1. Mai das Thier nicht abholt, dann braucht der Verkäufer weder thatsächlich noch wörtlich Erfüllung anzubieten, der Käufer kommt mit Ablauf des 1. Mai in Verzug.

4) Die vom Schuldner angebotene Leistung muß sich vollinhaltlich als Erfüllung der Obligation darstellen.

Wenn z. B. A von B ein Viergespann gekauft hat und es bietet B dann 3 Pferde an, so ist natürlich A berechtigt, die Annahme zu verweigern, weil die Lieferung von 3 Pferden nicht als Erfüllung der Obligation erscheint.

Oder wenn A dem B das von diesem gekaufte Pferd anbietet und wenn dieses Pferd mit einem Hauptmangel behaftet ist, so geräth B durch die Nichtannahme nicht in Verzug, weil die Lieferung eines mit einem Hauptmangel behafteten Pferdes sich nicht als Erfüllung der Obligation darstellt. (cf. auch Arg. aus § 464 BGB.)

5) Nichtannahme der Leistung.

a) Aus welchem Grunde der Gläubiger, d. i. der Käufer des Thieres, dasselbe nicht annimmt, ist gleichgiltig, ebenso der Umstand, ob ihn ein Verschulden trifft oder nicht.

b) Es genügt die einfache Thatsache der Nichtannahme des Gläubigers. Verweigerung der Annahme seitens des Gläubigers, eine ausdrückliche oder stillschweigende, die Ablehnung enthaltende Erklärung des Gläubigers ist nicht Voraussetzung des Gläubigerverzuges. (Mot. II. S. 68—69.)

Zusatz zu Ziff. 1–5.

In all diesen Fällen kommt aber der Glaubiger (Käufer) doch nicht in Verzug, wenn der Schuldner (Verkäufer) zur Zeit des Angebotes oder zu der für die Handlung des Gläubigers bestimmten Zeit außer Stande ist, die Leistung zu bewirken, wenn also das reelle Leistungsvermögen fehlt. (§ 297 BGB.)

Der Schuldner hat sein Angebot, der Gläubiger das zur Zeit des Angebotes mangelnde Leistungsvermögen des Schuldners zu beweisen.

V. Der Gläubiger (Käufer) geräth ferner in Verzug, wenn der Schuldner (Verkäufer) nur gegen eine Leistung des Gläubigers (Käufers) zu leisten verpflichtet ist, und wenn er zwar bereit ist, die von dem Schuldner (Verkäufer) angebotene Leistung z. B. das Pferd anzunehmen, seinerseits aber die verlangte Gegenleistung z. B. den Kaufpreis nicht anbietet, z. B. wenn Zug um Zug zu leisten ist.

Es wird nicht Verweigerung der Gegenleistung gefordert, es genügt zur Begründung des Annahmeverzuges auf Seite des Gläubigers das Unterlassen des Anbietens der verlangten Gegenleistung.

(§ 298 BGB.)

B. Beginn und Ende der Gewährfrist.

(Vorbemerkung: Die nachstehenden Bestimmungen des BGB. enthalten nur dispositives Recht, d. h. die Parteien können im Wege des formlosen Vertrages jederzeit Anderes vereinbaren [§ 186 BGB.].)

1) Die Gewährfrist beginnt mit dem Ablaufe des Tages, an welchem die Gefahr auf den Käufer übergeht. Dieser Tag wird also nicht mitgerechnet.

Selbstverständlich wird die Frist nur nach vollen Tagen gerechnet. (Civilkomputation.)

Die Frist beginnt auch dann zu laufen, wenn der auf den Tag des Gefahrüberganges folgende Tag ein Sonntag oder allgemeiner Feiertag ist.

2) Die Gewährfrist läuft zusammenhängend fort, sie kann nicht unterbrochen und auch nicht gehemmt werden.

3) Das Ende der Frist wird folgendermaßen berechnet:

a) Ist die Frist nach Tagen bestimmt, so endigt sie mit dem Ablauf des letzten Tages der Frist. (§ 188 Abs. 1 BGB.)

Nach der Kaiserlichen Verordnung sind alle Gewährfristen nach Tagen bestimmt.

Beispiel:

Die gekaufte Kuh wurde dem Käufer am 3. Januar 1900 übergeben. Innerhalb der 14tägigen Gewährfrist zeigt sich bei dem Thier tuberkulöse Erkrankung.

Diese 14 tägige Frist beginnt, da der 3. Januar als Tag der Uebergabe nicht gerechnet wird, am 4. Januar 1900 und endigt mit Ablauf des 17. Januar 1900.

b) Die Gewährfrist endigt auch dann, wenn der letzte Tag derselben auf einen Sonntag oder einen am Erklärungsorte oder Leistungsorte staatlich anerkannten allgemeinen Feiertag fällt.

§ 193 BGB. setzt nämlich voraus, daß an einem bestimmten Tage oder innerhalb einer bestimmten Frist eine Erklärung 2c. abzugeben ist mit der Wirkung, daß, wenn die Erklärung an dem bestimmten Tage oder innerhalb der bestimmten Frist nicht abgegeben wird, irgend ein Rechtsverlust eintritt.

Das letztere ist nun bei der Gewährfrist nicht der Fall, auch wenn innerhalb derselben eine Erklärung nicht abgegeben wird, so bleiben dem Käufer doch alle Rechte gewahrt.

Ein Rechtsverlust tritt nur dann ein, wenn nicht spätestens innerhalb zweier Tage nach dem Ablaufe der Gewährfrist oder dem Tode des Thieres eine der in § 485 BGB. bezeichneten Handlungen vorgenommen wird.

Wenn nun der zweite Tag dieser Frist auf einen Sonntag oder einen am Erklärungsorte staatlich anerkannten allgemeinen Feiertag fällt, dann kann eine der in § 485 BGB. vorgeschriebenen Handlungen auch noch am nächstfolgenden Werktag vorgenommen werden.

Nach einer strengen Auslegung, wenn man nämlich das Wörtchen „spätestens" betont, müßte auch diese zweitägige Frist an einem Sonntag endigen. Dies dürfte jedoch der Intention des Gesetzgebers nicht entsprechen, welche im Interesse der Sonntagsheiligung auch den Zwang zur Abgabe von Willenserklärungen an einem Sonntag vermieden wissen wollte.*)

Beispiel:

Wenn das Thier am 5. Januar 1900 übergeben wurde und es zeigt sich innerhalb der Gewährfrist Tuberkulose, dann beginnt die 14 tägige Gewährfrist am 6. Januar 1900 und endigt mit Ablauf des 19. Januar 1900.

Die zweitägige Frist des § 485 BGB. beginnt mit dem 20. Januar 1900 und endigt, da der zweite Tag der Frist auf den 21. Januar, einen Sonntag fällt, mit Ablauf des 22. Januar 1900.

Zusatz.

Allgemeine Feiertage.

Gemäß § 193 BGB. endigt die Frist, innerhalb welcher eine Willenserklärung abzugeben ist, nicht mit Ablauf des letzten Tages der Frist, wenn dieser letzte Tag auf einen Sonntag oder einen am Erklärungs- oder Leistungsorte staatlich anerkannten allgemeinen Feiertag fällt, die Frist endigt vielmehr mit Ablauf des nächstfolgenden Werktages.

Es ist also bezüglich der Feiertage erforderlich

1) daß sie allgemeine sind

2) daß sie am Erklärungs- oder Leistungsorte staatlich als solche anerkannt sind.

Welches sind die allgemeinen Feiertage?**)

Der Geburtstag des Kaisers ist kein allgemeiner Feiertag ebensowenig wie der des Landesherrn, auch nicht

---

*) Vergl. Endemann a. a. O. S. 253 Note 8.

**) Diese Angaben sind entnommen Staubs Kommentar zur WO. 2. Aufl. Berlin 1896 Art. 92 § 3.

Da voraussichtlich die Ausführungsgesetze der Einzelstaaten hierüber Bestimmungen treffen werden, so können die obigen Ausführungen nur bedingt Anspruch auf Richtigkeit erheben.

der Tag der Thronbesteigung des Landesherrn, auch nicht der Sedanstag.

Allgemeine Feiertage sind:

In Preußen: 1) der Neujahrstag, der Charfreitag, der Ostermontag, der Pfingstmontag und die beiden Weihnachtsfeiertage, 2) der Buß- und Bettag (jetzt der Mittwoch vor dem letzten Trinitatistage), 3) der Himmelfahrtstag.

In Bayern:*) 1) die zu 1 bei Preußen genannten Tage, 2) die Buß- und Bettage, 3) (fast in dem ganzen Umfange der Monarchie) das Fronleichnamsfest, Hl. 3 Könige (6. Januar), Mariä Lichtmeß (2. Februar), Josef (19. März), Mariä Verkündigung (25. März), Johann der Täufer (24. Juni), Peter und Paul (29. Juni), Mariä Himmelfahrt (15. August), Mariä Geburt (8. September), Aller Heiligen (1. November), Mariä Empfängniß (8. Dezember), ferner das Parochial-Patrozinium und das Diözesan-Patrozinium.

Im Königreich Sachsen: 1) die zu 1 bei Preußen genannten Tage, 2) die Buß- und Bettage (Freitag vor Oculi und der Freitag vor dem letzten Sonntag nach Trinitatis), 3) Hl. 3 Könige (6. Januar), Mariä Verkündigung (25. März), der Reformationstag (31. Oktober).

In Baden: 1) die zu 1 bei Preußen genannten Tage, 2) die Buß- und Bettage, 3) Fronleichnamsfest und Allerheiligen.

In Württemberg: Neujahr, Erscheinung Christi, Charfreitag, Ostermontag, Pfingstmontag, Christi Himmelfahrt, Fronleichnam, Peter und Paul, Mariä Himmelfahrt, Weihnachten, Stephanstag.

---

*) Zu beachten ist, daß der Feiertag am Erklärungsort staatlich als allgemeiner anerkannt ist; an einem Ort mit rein katholischer Bevölkerung sind natürlich Buß- und Bettage keine allgemeinen Feiertage.

§. 484.

Zeigt sich ein Hauptmangel innerhalb der Gewährfrist, so wird vermuthet, daß der Mangel schon zu der Zeit vorhanden gewesen sei, zu welcher die Gefahr auf den Käufer übergegangen ist.

E. I § 402 Satz 1; II § 419; III § 478. Mot. II S. 252—254; P. II Bd. I S. 736. D. S. 67.

1) Der Verkäufer haftet dafür, daß das veräußerte Thier in dem Momente, wo die Gefahr auf den Käufer übergeht, von Hauptmängeln frei ist.

Der Verkäufer haftet also nicht:

a) Wenn das Thier vor dem Gefahrübergang mit einem Hauptmangel behaftet war, zur Zeit des Gefahrüberganges aber nicht mehr;

b) wenn der Hauptmangel erst nach dem Gefahrübergang bei dem Thiere entstanden ist.

2) Kläger muß beweisen: Einmal, daß das Thier mit einem Hauptmangel behaftet ist; sodann, daß dieser Hauptmangel innerhalb der Gewährfrist sich gezeigt hat. Hat Kläger letzteren Beweis geliefert, dann wird vermuthet, daß der Mangel schon zur Zeit des Gefahrüberganges vorhanden war, es bedarf also keines diesbezüglichen Beweises.

3) Gegenüber dieser Vermuthung steht dem Beklagten der Gegenbeweis offen, daß der Hauptmangel erst nach dem Uebergang der Gefahr auf den Käufer entstanden ist. (cf. § 292 RCPO.)

§. 485.

Der Käufer verliert die ihm wegen des Mangels zustehenden Rechte, wenn er nicht spätestens zwei Tage nach dem Ablaufe der Gewährfrist oder, falls

das Thier vor dem Ablaufe der Frist getödtet worden oder sonst verendet ist, nach dem Tode des Thieres den Mangel dem Verkäufer anzeigt oder die Anzeige an ihn absendet oder wegen des Mangels Klage gegen den Verkäufer erhebt oder diesem den Streit verkündet oder gerichtliche Beweisaufnahme zur Sicherung des Beweises beantragt. Der Rechtsverlust tritt nicht ein, wenn der Verkäufer den Mangel arglistig verschwiegen hat.

E. I § 402 Satz 2; II § 420; III § 479. Mot. II S. 254—256; P. II Bd. I S. 737—739; D. S. 67 u. 68.

1) Ueber die dem Käufer wegen des Mangels zustehenden Rechte vergl. § 487 ff. und die dortigen Anmerkungen.

a) Diese Rechte hat er aber nur dann, wenn er spätestens innerhalb zweier Tage nach dem Ablauf der Gewährfrist oder, falls das Thier vor dem Ablauf der Gewährfrist getödtet worden oder sonst verendet ist, innerhalb zweier Tage nach dem Tode des Thieres eine der in § 485 BGB. bezeichneten Handlungen vornimmt.

b) Die zweitägige Ausschlußfrist beginnt mit dem Ablaufe der Gewährfrist; also, da gemäß § 187 Abs. 1 BGB. dieser Tag nicht mitgerechnet wird, mit dem Anfange des dem letzten Tage der Gewährfrist folgenden Tages.

Ist das Thier vor Ablauf der Gewährfrist getödtet worden oder sonst verendet, dann beginnt die zweitägige Ausschlußfrist mit dem Tode des Thieres, also, da gemäß § 187 Abs. 1 BGB. dieser Tag nicht mitgerechnet wird, mit dem Anfange des dem Todestage folgenden Tages.

c) Die zweitägige Ausschlußfrist endigt mit Ablauf des zweiten Tages nach dem Ablauf der Gewährfrist oder nach dem Tode des Thieres. (§ 188 Abs. 1 BGB.)

Fällt der zweite Tag der Ausschlußfrist auf einen Sonntag oder allgemeinen Feiertag, dann endigt die Ausschlußfrist mit Ablauf des nächstfolgenden Werktages.

(cf. oben § 483 B. 3 b.)

d) Jede der in § 485 BGB. bezeichneten Handlungen kann natürlich auch schon vor dem Ablaufe der Gewährfrist, also vor Beginn der zweitägigen Ausschlußfrist vorgenommen werden.

2) Beweislast.

a) Der Verkäufer, welcher den Verlust der dem Käufer wegen des Mangels zustehenden Rechte behauptet, muß lediglich beweisen, daß die zweitägige Ausschlußfrist des § 485 BGB. abgelaufen ist.

Denn der Verkäufer behauptet die Regel: „Mit dem Ablauf der Ausschlußfrist verliert der Käufer seine Rechte. Es muß also Verkäufer den Ablauf der Ausschlußfrist beweisen". (cf. auch Planck a. a. O. § 485 Note 1a i. f.)

b) der Käufer muß behaupten und auf Bestreiten beweisen, daß er innerhalb der zweitägigen Ausschlußfrist des § 485 BGB. eine der dort bezeichneten Handlungen vorgenommen hat.

3) Die Handlungen, welche, wenn sie vor Ablauf der zweitägigen Frist vorgenommen wurden, geeignet sind, die dem Käufer wegen des Mangels zustehenden Rechte zu wahren und welche dem Käufer wahlweise zustehen, sind folgende:

a) Mündliche Anzeige des Mangels an den Verkäufer.

b) Schriftliche Anzeige. In diesem Falle genügt der Nachweis des Käufers, daß er die Anzeige an den Verkäufer abgesendet hat. Nicht erfordert wird zur

Wahrung der Frist, daß die Anzeige bei dem Veräußerer auch angekommen ist.

Es wird also die Anzeige mittels eingeschriebenen Briefes sich empfehlen.

c) Erhebung der Klage. Die Klage muß also innerhalb der zweitägigen Frist zugestellt sein. (§ 253 RCPO.)

d) Streitverkündung an den Verkäufer gemäß § 72 ff. RCPO.

Wenn z. B. der Käufer B das Thier weiter veräußert hat und von dem Erwerber C desselben wegen eines Hauptmangels ein Prozeß anhängig gemacht wurde, dann kann der erste Käufer B dem ersten Verkäufer A den Streit verkünden und dadurch seine Rechte wahren.

Auch hier muß innerhalb der zweitägigen Frist der die Streitverkündung enthaltende Schriftsatz zugestellt sein. (§ 73 RCPO.)

e) Beweissicherungsantrag.

α) Der Käufer kann zum Zwecke der Feststellung des Mangels gerichtliche Beweisaufnahme zur Sicherung des Beweises gemäß §§ 485 ff. RCPO. beantragen. Dabei muß das Gericht dem Antrage auch dann stattgeben, wenn nicht zu besorgen ist, daß das Beweismittel verloren oder die Benützung desselben erschwert werde. (§ 488 Abs. 1 RCPO.)

Der Antrag muß innerhalb der zweitägigen Frist bei Gericht eingereicht sein.

Mit dem Beweissicherungsantrage kann zugleich der Antrag auf Einnahme des Augenscheins und auf Vernehmung von Zeugen und Sachverständigen gestellt werden.

β) Im Zusammenhang mag gleich hier bemerkt werden, daß der Verkäufer ebenfalls die Beweisaufnahme gemäß § 488 Abs. 1 RCPO. beantragen kann, wenn ihm der Käufer des Thieres einen Hauptmangel angezeigt oder die Annahme des Thieres wegen eines Hauptmangels verweigert hat.

(§ 488 Abs. 2 RCPO.)

4) Rechtsfolge des Unterlassens der Vornahme der in § 485 BGB. vorgeschriebenen Handlungen.

a) Wenn der Käufer eine der im § 485 BGB. vorgeschriebenen Handlungen nicht rechtzeitig, d. h. nicht spätestens innerhalb der zweitägigen Frist vornimmt, so ist die Rechtsfolge die, daß er sämmtliche ihm wegen des Mangels zustehenden Rechte, d. h. den Anspruch selbst verliert.

Der Anspruch kann also auch nicht mehr einredeweise geltend gemacht werden.

Es ist das eine der wichtigsten Bestimmungen, welche genau zu beachten ist.

(cf. des Näheren unten § 490 sub III.)

b) Der Rechtsverlust tritt jedoch nicht ein, obwohl der Käufer nicht rechtzeitig eine der im § 485 BGB. vorgeschriebenen Handlungen vorgenommen hat, wenn der Verkäufer den Hauptmangel arglistig verschwiegen hat, d. h. in Kenntniß des Mangels und im Bewußtsein, daß der Mangel dem Käufer unbekannt geblieben ist.

§. 486.

Die Gewährfrist kann durch Vertrag verlängert oder abgekürzt werden. Die vereinbarte Frist tritt an die Stelle der gesetzlichen Frist.

E. I § 410; II § 421; III § 480. Mot. II S. 263, 264. P. II Bd. I S. 748.

1) Die Gewährfristen sind der Parteivereinbarung nicht entzogen, sie sind nicht absolut bestimmt, es können

vielmehr die Parteien jederzeit statt der gesetzlichen Frist eine andere vereinbaren, sei es eine längere oder kürzere.

2) Rechtsfolge der Abkürzung oder Verlängerung.

Die Abkürzung oder Verlängerung hat lediglich die Folge, daß die vereinbarte Frist an die Stelle der gesetzlichen Frist tritt. Im übrigen gelten alle sonstigen Bestimmungen über Gewährschaft, sofern nicht aus dem zwischen den Parteien geschlossenen Vertrag sich etwas Anderes ergiebt.

Es sind ja die Bestimmungen über Gewährschaft nicht absolutes, sondern dispositives Recht, d. h. im Wege des Vertrages kann jederzeit eine Abweichung von den gesetzlichen Bestimmungen erfolgen.

3) Der Vertrag, durch welchen die Gewährfristen verlängert oder verkürzt werden, ist formlos.

Es gelten die allgemeinen Grundsätze hinsichtlich dieses Vertrages. Der Vertrag ist also nichtig, wenn er gegen die guten Sitten verstößt (§ 138 BGB.), er ist anfechtbar, wenn er in Folge arglistiger Täuschung oder widerrechtlicher Drohung zu Stande kam. (§ 123 BGB.)

§. 487.

Der Käufer kann nur Wandelung, nicht Minderung verlangen.

Die Wandelung kann auch in den Fällen der §§. 351 bis 353, insbesondere wenn das Thier geschlachtet ist, verlangt werden; an Stelle der Rückgewähr hat der Käufer den Werth des Thieres zu vergüten. Das Gleiche gilt in anderen Fällen,

in denen der Käufer in Folge eines Umstandes, den er zu vertreten hat, insbesondere einer Verfügung über das Thier, außer Stande ist, das Thier zurückzugewähren.

Ist vor der Vollziehung der Wandelung eine unwesentliche Verschlechterung des Thieres in Folge eines von dem Käufer zu vertretenden Umstandes eingetreten, so hat der Käufer die Werthminderung zu vergüten.

Nutzungen hat der Käufer nur insoweit zu ersetzen, als er sie gezogen hat.

E. I § 404; II § 422; III § 481. Mot. II S. 256 bis 259. P. II S. 739—744. D. S. 68.

I. Recht der Wandelung.

1) Der Käufer kann nur Rückgängigmachung des Kaufes (Wandelung) (§ 462 BGB.), nicht aber Herabsetzung des Kaufpreises (Minderung) verlangen.

Schadensersatz wegen Nichterfüllung kann der Käufer nur ausnahmsweise verlangen. Vergl. darüber § 488 Note 4.

Lieferung eines mangelfreien Thieres an Stelle des mangelhaften Thieres kann nur im Falle des § 491 verlangt werden. Vergl. darüber § 491 Anm.

2) Sind auf Gläubiger- oder Schuldnerseite Mehrere betheiligt, also mehrere Käufer oder Verkäufer, dann kann die Wandelung nur von Allen und gegen Alle verlangt werden.

Wenn dabei das Recht der Wandelung für einen aus irgend einem Grunde erlischt, dann erlischt es auch für die übrigen. (§§ 467 u. 356 BGB.)

3) Es ist nun möglich, daß der Käufer dem Verkäufer gegenüber zwar einen Hauptmangel des Thieres behauptet, ohne aber sich zu erklären, ob er Wandelung oder Schadensersatz verlangen, oder ob er auf dem Vertrag bestehen bleiben wolle.

a) In diesem Falle kann der Verkäufer die für ihn bestehende Rechtsungewißheit dadurch beseitigen, daß er einmal sich zur Wandelung erbietet, d. h. im Voraus sich mit der Rückgängigmachung des Vertrages einverstanden erklärt, und sodann den Käufer unter Bestimmung einer angemessenen Frist zur Erklärung darüber auffordert, ob er Wandelung verlange.

Verlangt der Käufer innerhalb der gesteckten Frist Wandelung, so ist damit die Wandelung vollzogen. Erklärt sich der Käufer innerhalb der Frist nicht, so kann er Wandelung wegen des Mangels, wegen dessen sie angeboten ist, nicht mehr verlangen. (§ 466 BGB.)

Nach Ablauf der Frist kann der Käufer, wenn der Verkäufer zugleich schadensersatzpflichtig ist, nur mehr Schadensersatz verlangen. Wegen eines andern Hauptmangels als wegen dessen die Wandelung angeboten war, kann der Käufer auch nach Ablauf der erwähnten Frist Wandelung verlangen.

b) Wesentliche Voraussetzung für die Anwendung des § 466 BGB. ist aber, daß der Käufer dem Verkäufer gegenüber einen Hauptmangel behauptet.

Es findet also § 466 keine Anwendung, wenn der Käufer irgend einem Dritten gegenüber den Hauptmangel behauptet, oder wenn der Verkäufer auf irgend eine Weise von dem dem Dritten gegenüber behaupteten oder wirklich vorhandenen Hauptmangel Kenntniß erhält. In diesem Falle kann der Verkäufer, selbst wenn er wandeln will, dem Käufer keine Frist setzen, da ein Behaupten eines Hauptmangels dem Verkäufer gegenüber nicht vorliegt.

4) Mit dem Vollzug der Wandelung treten die an die Wandelung sich knüpfenden Rechte und Pflichten der Parteien unmittelbar ein (es bedarf nicht eines auf den Eintritt dieser Folgen speziell gerichteten Rechtsgeschäftes oder eines den Eintritt dieser Folgen aussprechenden Urtheils), es treten aber nicht dingliche Wirkungen ein, d. h. das Eigenthum an dem Thier z. B. fällt nicht ipso jure an den Verkäufer zurück, sondern der Käufer ist lediglich obligatorisch verpflichtet, das Eigenthum an dem Thier auf den Verkäufer zurückzuübertragen. Wann ist nun die Wandelung vollzogen?

II. Vollzug der Wandelung.

1) Das Recht des Käufers auf Wandelung charakterisirt sich als Anspruch des Käufers, kraft dessen er vom Verkäufer die Einwilligung in die Aufhebung des Kaufes verlangen kann, nicht als ein Recht des Käufers, durch einseitige Erklärung den Vertrag zur Aufhebung zu bringen.

Die Wandelung ist deshalb vollzogen, sobald der Verkäufer sich mit der von dem Käufer verlangten Wandelung einverstanden erklärt hat oder sobald er dazu rechtskräftig verurtheilt worden ist. (§ 465 BGB. u. § 894 RCPO.)

2) Bis zu welchem Zeitpunkte kann der Käufer die von ihm erklärte Wahl ändern? (cf. oben I. Ziffer 1.)

Die Frage ist zunächst negativ dahin zu beantworten, daß der Käufer seine Wahl nicht mehr ändern kann, wenn der Verkäufer sein Einverständniß mit der vom Käufer verlangten Wandelung erklärt hat. Der Käufer kann also dann nicht mehr auf dem Vertrag stehen bleiben oder Schadensersatz verlangen, wenn er zuerst Wandelung verlangt hat.

Nun ist aber das Wahlrecht dem Käufer entzogen schon vor dem Zeitpunkte, in welchem der Verkäufer sein Einverständniß mit der Wandelung erklärt hat, d. h. der Käufer ist schon vorher gebunden. Die Sache ist nämlich die:

Das BGB. konstruirt den Anspruch auf Wandelung oder Schadensersatz als einen Vertragsantrag des Käufers an den Verkäufer, in die Aufhebung des Vertrages zu willigen oder in den gesetzlich bestimmten Fällen Schadensersatz nach Verlangen des Käufers zu leisten.

(cf. Endemann a. a. O. § 161 S. 721 Note 12 u. 13, Planck a. a. O. § 465 Note 1.)

Es finden also die Bestimmungen der §§ 145 ff. BGB. Anwendung.

a) Der Käufer ist an seinen Antrag, mit dem er Wandelung oder Schadensersatz von dem Verkäufer verlangt, gebunden, sobald der Antrag dem Verkäufer zugegangen ist, es sei denn, daß der Käufer die Gebundenheit ausgeschlossen hat. (cf. § 145 BGB.)

b) Der Antrag erlischt, d. h. die Bindung des Käufers hört auf

α) wenn der Verkäufer den Antrag des Käufers ablehnt (§ 146 BGB. und § 130 BGB.);

β) wenn der Verkäufer den Antrag des Käufers nicht rechtzeitig annimmt. (§ 146 BGB.)

In letzterer Hinsicht gilt Folgendes:

αα) Sind Käufer und Verkäufer anwesend oder mittels Telephon verbunden und verlangt Käufer z. B. Wandelung, so muß sich der Verkäufer sofort erklären, ob er in die verlangte Wandelung willigt oder nicht.

Erklärt er sich nicht, so ist der Käufer an seinen Antrag nicht mehr gebunden. (§ 147 Abs. 1 BGB.)

ββ) Sind Käufer und Verkäufer nicht beisammen, dann ist der Käufer an seinen Antrag nur solange gebunden, als er den Eingang der Antwort des Verkäufers unter regelmäßigen Umständen erwarten darf. (§ 147 Abs. 2 BGB. und § 130 BGB.)

γγ) Hat der Käufer dem abwesenden Verkäufer für die Annahme des auf Wandelung oder Schadensersatzes gerichteten Antrages eine Frist bestimmt, so kann die Annahme nur innerhalb der Frist erfolgen. (§ 148 BGB.)

Nach Fristablauf ist der Käufer nicht mehr gebunden.

δδ) Ueber die dem Antragenden verspätet zugegangene Annahmeerklärung des Verkäufers vergl. § 149 BGB.

III. Zulässigkeit der Wandelung (nicht Minderung), auch wenn der Käufer das Thier nicht zurückgeben kann.

In gewissen Fällen (§§ 467, 351—353 BGB.) ist die Wandelung ausgeschlossen.

Für die Viehgewährschaft gelten jedoch diese Bestimmungen nicht, d. h. der Käufer kann selbst in den Fällen der §§ 351—353 BGB. Wandelung verlangen, also in Fällen, in welchen dem Käufer die Rückgabe des Thieres unmöglich, oder in welchen die Rückgabe nur in verschlechtertem Zustande möglich ist.

Minderung kann bei der Viehgewährschaft nicht verlangt werden.

1) Die Wandelung kann verlangt werden, auch wenn das Thier beim Käufer durch Zufall untergegangen oder durch Zufall wesentlich verschlechtert worden ist. (§ 350 u. § 467 BGB.)

Darüber, welcher Theil die Gefahr trägt, ob Käufer oder Verkäufer, vergl. unten IV Note 1a.

Uebrigens kann die Anwendung des § 350 BGB. einfach dadurch ausgeschlossen werden, daß die Parteien vereinbaren, die Wandelung solle nur dann gestattet sein, wenn die Rückgewähr des betr. Thieres in unversehrtem Zustande möglich ist.

2) Die Wandelung kann auch verlangt werden, wenn der Berechtigte, d. h. der Käufer, eine wesentliche Verschlechterung, den Untergang oder die anderweitige Unmöglichkeit der Herausgabe des Thieres (vorsätzlich oder fahrlässig) verschuldet hat. (§§ 351, 276 u. 487 Abs. 2 u. 3 BGB.)

Dem eigenen Verschulden des Käufers steht das des gesetzlichen Vertreters und der Personen gleich, deren er sich zur Erfüllung seiner Verbindlichkeiten bedient. Zu der Verpflichtung des § 278 BGB. gehört auch die Verpflichtung, das Thier vor Verschlechterung und Untergang zu bewahren. Es haftet also der Verpflichtete gemäß § 278 l. c. für das Verschulden einer Person, deren er sich zur Erfüllung dieser Bewahrungsverpflichtung bedient.

Eine solche Person ist einmal diejenige, welche der Verpflichtete mit dieser Bewahrung beauftragt, z. B. der Dienstbote, sodann jede, welcher der Verpflichtete durch ein, wenn auch zunächst auf einen andern Zweck gerichtetes Rechtsgeschäft, z. B. durch Miethvertrag oder Leihvertrag, die Bewahrung anvertraut.

Das Verschulden des Dienstboten, des Gehilfen, des Miethers ꝛc. steht also dem eigenen Verschulden des Käufers gleich. In all' diesen Fällen kann Wandelung verlangt werden. (§ 351 Satz 2 u. § 278 BGB.)

3) Die Wandelung kann auch verlangt werden, wenn eine unwesentliche Verschlechterung in Folge eines vom Käufer zu vertretenden Umstandes eingetreten ist. (§ 487 Abs. 3 BGB.)

4) Die Wandelung kann ferner verlangt werden, wenn der Käufer das Thier geschlachtet und den Mangel erst am geschlachteten Thiere gefunden hat. (§ 487 Abs. 2 BGB.)

5) Die Wandelung kann endlich verlangt werden in allen Fällen, in welchen der Käufer in Folge eines Umstandes, den er zu vertreten hat, insbesondere einer

Verfügung über das Thier, außer Stande ist, das Thier zurückzugewähren. (§ 487 Abs. 2 BGB.)

Die Wandelung kann also auch dann verlangt werden, wenn der Käufer das Thier weiter verkauft oder wenn er es verpfändet hat, oder wenn ihm das Thier im Wege der Zwangsvollstreckung gepfändet wurde.

IV. Pflichten des Käufers nach Vollzug der Wandelung.

Wenn noch von keiner Seite erfüllt ist, also Verkäufer das Thier nicht geliefert, Käufer den Kaufpreis nicht bezahlt hat, dann ist mit Erzielung des auf Aufhebung des Vertrages gerichteten Einverständnisses der Vertrag aufgehoben, d. h. der Verkäufer braucht das Thier nicht zu liefern und der Käufer den Kaufpreis nicht zu bezahlen.

Ist aber von der einen oder anderen Seite oder von beiden Theilen bereits erfüllt, dann ist mit der Erklärung des Einverständnisses der Vertrag zwar auch aufgehoben, allein zwischen Käufer und Verkäufer entsteht ein neues Schuldverhältniß, das auf Wiederherstellung des vor Abschluß des Kaufvertrages vorhandenen Zustandes durch Rückleistung Zug um Zug gerichtet ist.

(Schollmeyer, Das Recht der einzelnen Schuldverhältnisse. Berlin, Guttentag, 1897 S. 16 u. 17.)

In diesem letzteren Falle gilt Folgendes:

1. Der Käufer muß das Thier dem Verkäufer zurückgeben.

(§§ 467, 346 Satz 1 BGB.)

Nun ist die Möglichkeit vorhanden, daß der Käufer das Thier nicht mehr zurückgeben kann, weil er es nicht mehr hat oder weil dasselbe wesentlich verschlechtert ist.

Hier sind verschiedene Fälle denkbar:

a) der Käufer kann das Thier deshalb nicht zurückgeben, weil dasselbe schon vor Vollziehung der Wandelung durch Zufall untergegangen oder durch Zufall wesentlich verschlechtert ist.

(cf. oben III, 1.)

In diesem Falle trägt der Verkäufer den casus interitus und deteriorationis d. h. der Käufer braucht für das untergegangene oder wesentlich verschlechterte Thier dem Verkäufer keinen Ersatz zu leisten, während dagegen der Verkäufer, obwohl er Nichts bekommt, dem Käufer dennoch den Kaufpreis nebst Zinsen herausgeben muß.

(§§ 350 u. 467, 275 ff. BGB.)

α) Der Käufer muß jedoch das, was er von dem vielleicht nicht ganz untergegangenen Thiere noch hat, z. B. die Haut, die Hörner einer Kuh, dem Verkäufer herausgeben.

(§ 346 BGB. Mot. II S. 231.)

β) Er muß ferner das herausgeben, was gerade infolge des zufälligen Umstandes, welcher ihm die Rückgabe unmöglich macht, in sein Vermögen gelangt ist; wenn also der Käufer für das untergegangene oder wesentlich verschlechterte Thier einen Ersatz oder einen Ersatzanspruch erlangt, so kann der Verkäufer Herausgabe des als Ersatz Empfangenen oder Abtretung des Ersatzanspruches verlangen.

(§ 281 u. § 398 BGB.)

Z. B. der Käufer, der von einer Versicherungsgesellschaft für das gefallene Thier die Versicherungssumme erhalten hat, muß diese dem Verkäufer herausgeben oder, wenn der Käufer die Versicherungssumme noch nicht erhalten hat, dann muß er den ihm gegen die Versicherungsgesellschaft zustehenden Anspruch auf die Versicherungssumme dem Verkäufer des Thieres abtreten.

b) Der Käufer kann das Thier deshalb nicht zurückgeben, weil schon vor Vollziehung der Wandelung eine wesentliche Verschlechterung, der Untergang oder die anderweitige Unmöglichkeit der Herausgabe des Thieres infolge eines von dem Käufer zu vertretenden Umstandes eingetreten ist oder weil der Käufer das Thier geschlachtet oder weil er rechtlich darüber verfügt hat. (Vergl. oben III Ziff. 2—4.)

In diesen Fällen sub b muß der Käufer dem Verkäufer den Werth des Thieres ersetzen. (§ 487 Abs. 2 BGB.)

Es ist zu beachten, daß in den Fällen der §§ 351—353 BGB., wo gemäß § 487 Abs. 2 BGB. Wandelung verlangt werden kann, obwohl das Thier nicht mehr oder nur wesentlich verschlechtert vorhanden ist, nach Vollzug der Wandelung nur der Werth des Thieres von dem Käufer dem Verkäufer zu ersetzen ist. Voraussetzung ist also, daß das Thier schon vor Vollzug der Wandelung nicht mehr oder nur wesentlich verschlechtert vorhanden ist. Es ist also nicht Schadensersatz gemäß § 347 BGB. zu leisten, sondern nur der Werth des Thieres zu ersetzen.

(cf. auch unten unter c.)

Welcher Zeitpunkt für die Werthbemessung maßgebend ist, ist bestritten.

Nach der Ansicht Plancks a. a. O. § 487 Note 2a und Kuhlenbecks § 487 Note 3 soll der Werth nach dem Zeitpunkt zu bestimmen sein, in welchem der Käufer verpflichtet gewesen sein würde, das Thier zurückzugewähren, also nach dem Zeitpunkt der Vollziehung der Wandelung.

Nach Paul Rein*) soll der Käufer den Werth vergüten müssen, welchen das Thier zu der Zeit hatte, in welcher er die die Unmöglichkeit der Herausgabe verursachende Handlung vorgenommen hat.

Meiner Ansicht nach ist für die Werthbemessung des Thieres maßgebend der Werth des Thieres zu der Zeit, zu welcher die Gefahr auf den Käufer überging.

---

*) Dr. jur. Paul Rein, Die Bestimmungen des BGB. über die Gewährleistung bei Viehveräußerungen 2c. Schweitzer 1899 S. 24.

Gründe: Einmal haftet der Verkäufer dafür, daß zur Zeit des Gefahrüberganges das Thier nicht mit Hauptmängeln behaftet ist. Das Gesetz nimmt ohne Weiteres an, daß die Hauptmängel solche Fehler sind, welche den Werth oder die Tauglichkeit des Thieres aufheben oder mindern. (cf. oben § 482 I.)

Das Gesetz unterstellt also, daß ein zur Zeit des Gefahrüberganges nicht mit einem Hauptmangel behaftetes Thier den vom Verkäufer bezeichneten Werth, der im Kaufpreis zum Ausdruck kommt, habe oder was dasselbe ist, daß ein zur Zeit des Gefahrüberganges mit einem Hauptmangel behaftetes Thier den genannten Werth nicht habe.

Schon der Gesichtspunkt allein, daß für den Gesetzgeber bei Bestimmung der Hauptmängel die zur Zeit des Gefahrüberganges vorhandene Werthminderung maßgebend war, deutet darauf hin, daß für die Werthbemessung des Thieres im Falle der Wandelung auch der Zeitpunkt des Gefahrüberganges maßgebend sein soll.

Sodann halte ich für meine Auffassung Folgendes von Wichtigkeit:

Nach dem Prinzip der Wandelung soll beiderseits nach dem Vollzug der Wandelung der Zustand hergestellt werden, der bestehen würde, wenn der Vertrag nicht geschlossen wäre.

(cf. §§ 346 ff., 467 und Planck a. a. O. 2. Buch 5. Titel Vorbem.-Note 2 b.)

Diesem Prinzip wird m. E. eher entsprochen, wenn für die Werthbestimmung der Zeitpunkt des Gefahrüberganges maßgebend ist. Denn wenn letzterer Zeitpunkt nicht entscheidet, sondern z. B. der Zeitpunkt der Vollziehung der Wandelung, so könnte der Käufer unter Umständen dem Verkäufer gegenüber bedeutend im Vortheil sein.

Z. B. A verkauft und übergiebt an B ein Pferd für 1000 Mk., die sofort bezahlt werden. Das Pferd leidet zur Zeit des Gefahrüberganges an einem Hauptmangel. In diesem Zeitpunkt soll das Pferd, das ohne den Hauptmangel wirklich 1000 Mk. werth ist, nur 600 Mk. werth sein.

Wenn B das Pferd noch hätte, dann müßte er es zurückgeben und bekäme dafür seine 1000 Mk. wieder. Es hätte dann A ein Pferd im Werthe von 600 Mk., B hat seine 1000 Mk. Nun hat B das Pferd nicht mehr, er muß also dessen Werth mit 600 Mk. dem A ersetzen, A muß dem B den Kaufpreis mit 1000 Mk. zurückgeben, d. h. B erhält nur 400 Mk.

Nehmen wir nun an, daß B das bezeichnete Pferd, das zur Zeit des Gefahrüberganges mit einem Hauptmangel behaftet war, nur wesentlich verschlechtert zurückgeben könnte und zwar deshalb, weil er das Pferd schon vor Vollziehung der Wandelung krumm und lahm geritten hat.

Zur Zeit des Gefahrüberganges war das um 1000 Mk. verkaufte Pferd 600 Mk. werth. (cf. das vorige Beispiel am Anfang.) Nach dem Gefahrübergang nehmen wir an, unmittelbar vor Vollziehung der Wandelung und noch im Zeitpunkt der Vollziehung der Wandelung war das Pferd infolge dieses Reitens nur noch 300 Mk. werth.

Wenn nun für die Werthbestimmung der Zeitpunkt der Vollziehung der Wandelung maßgebend wäre, dann müßte B dem A 300 Mk. als den Werth des Pferdes vergüten, A müßte die 1000 Mk. zurückgeben oder was das Gleiche ist, A müßte dem B 700 Mk. zahlen.

Man ersieht, wenn man die beiden Fälle zusammenhält, daß A im zweiten Falle um 300 Mk. schlechter daran ist.

Dem Prinzip, daß durch den Vollzug der Wandelung der Zustand hergestellt werden soll, der bestehen würde, wenn der Vertrag nicht geschlossen wäre, wird meine Auffassung jedenfalls gerechter. Auch ersieht man aus dem erwähnten Beispiel, daß, wenn man der anderen

Auffassung, die von Planck u. Kuhlenbeck vertreten wird, folgt, auf die Leichtfertigkeit des Käufers zum Nachtheile des Verkäufers eine Prämie gesetzt würde. Endlich spricht für meine Auffassung § 487 Abs. 3 BGB.

Wenn vor Vollziehung der Wandelung in Folge eines vom Käufer zu vertretenden Umstandes eine unwesentliche Verschlechterung eingetreten ist, dann muß der Käufer das Thier zurückgeben und die Werthminderung ersetzen.

Wenn nun aber vor Vollziehung der Wandelung in Folge eines vom Käufer zu vertretenden Umstandes eine wesentliche Verschlechterung eingetreten ist, dann hätte der Käufer nach der Planck'schen Auffassung nur den Werth des Thieres zur Zeit der Vollziehung der Wandelung zu ersetzen.

Es wäre also der Käufer, der eine wesentliche Verschlechterung herbeigeführt hat, besser daran als der Käufer, der nur eine unwesentliche Verschlechterung verursacht hat; diese Konsequenz wird bei meiner Ansicht vermieden.

c) Ist nach Vollziehung der Wandelung in Folge eines Verschuldens des Käufers eine wesentliche Verschlechterung, der Untergang oder eine aus einem andern Grunde, z. B. in Folge Zufalls, sich ergebende Unmöglichkeit der Herausgabe des Thieres eingetreten, dann hat der Käufer dem Verkäufer das volle Interesse zu leisten nach Maßgabe der Bestimmungen der §§ 249 ff. und zwar von dem Empfang des Thieres an. (§ 347, §§ 989 ff. u. § 467 BGB.)

Es ist ausdrücklich zu beachten, daß — im Gegensatz zu den Fällen sub IV 1a u. b, in welchen das Thier nicht mehr oder nur wesentlich verschlechtert vorhanden war — im Falle c das Thier vor Vollziehung der Wandelung noch vorhanden war, während es in den Fällen sub IV 1a u. b schon vor Vollziehung der Wandelung nicht mehr oder nur wesentlich verschlechtert vorhanden war.

2) Wenn vor der Vollziehung der Wandelung eine unwesentliche Verschlechterung des Thieres in Folge eines von dem Käufer zu vertretenden Umstandes eingetreten ist, dann hat der Käufer nach Vollziehung der Wandelung das Thier zurückzugeben und außerdem die durch die unwesentliche Verschlechterung verursachte Werthminderung zu vergüten.

Hat dagegen die unwesentliche Verschlechterung nach Vollziehung der Wandelung stattgefunden, dann hat der Käufer das Thier zurückzugeben, außerdem aber dem Verkäufer nicht bloß die Werthminderung, sondern das volle Interesse zu ersetzen. (§ 487 Abs. III BGB.)

3) Nutzungen hat der Käufer nur insoweit zu ersetzen, als er sie wirklich gezogen hat. Es ist also der Käufer zur Nutzung nicht verpflichtet und er kann deshalb zur Ersatzleistung für nicht gezogene Nutzungen nicht herangezogen werden. (§ 487 Abs. 4 BGB.)

Nutzungen sind die Früchte einer Sache oder eines Rechtes sowie die Vortheile, welche der Gebrauch der Sache oder des Rechtes gewährt. (§ 100 BGB.)

a) Früchte sind die Erzeugnisse der Sache und die sonstige Ausbeute, welche aus der Sache ihrer Bestimmung gemäß gewonnen wird. (§ 99 BGB.)

Die Früchte sind zweierlei Art:*)

α. Natürliche Früchte, d. h. solche, welche man aus der fruchttragenden Sache vermöge körperlicher Ausbeutung gewinnt, z. B. bei allen Thieren die Jungen, der Dünger, bei der Kuh die Milch, beim Schaf die Wolle.

β. Rechtsfrüchte, d. h. solche, die man aus der fruchttragenden Sache vermöge eines Rechtsverhält-

*) Vergl. Cosack, Lehrbuch des deutschen bürgerlichen Rechts Bd. I Abth. 1, Jena 1897, § 42 S. 128.

nisses gewinnt. Man denke z. B. an die Einnahme, welche der Lohnkutscher dadurch erzielt, daß er das gekaufte Pferd zum Lohnfuhrwerk verwendet, man denke an die Einnahmen des Pferdeverleihers, der das gekaufte Pferd zum Reiten ausleiht.

b) Die Vortheile, welche der Gebrauch des Thieres gewährte, hat der Käufer ebenfalls zu ersetzen.

Die Vortheile können der mannigfachsten Art sein. Z. B. der Bauer benützte das gekaufte Pferd, die gekaufte Kuh in seinem landwirthschaftlichen Betrieb zu landwirthschaftlichen Arbeiten, der Kaufmann das gekaufte Pferd zu Geschäftsreisen, der Offizier das Pferd zum Reiten.

Zu ersetzen ist der Werth der gezogenen Nutzungen. Dabei ist aber zu beachten, daß der Käufer gemäß § 488 BGB. verschiedene Abzüge für Fütterung und Pflege 2c. machen darf. Vergl. darüber unten § 488 Note 2—4.

V. Rückgewähr Zug um Zug.

1) Nach Vollzug der Wandelung sind vom Käufer und dem Verkäufer die beiderseitigen Leistungen Zug um Zug zurückzugewähren, d. h. wechselseitig zu gleicher Zeit. (§ 348 u. § 467 BGB.)

Die Folge ist die, daß jeder Theil die ihm obliegende Leistung bis zur Bewirkung der Gegenleistung verweigern kann, sofern er nicht vorzuleisten verpflichtet ist. (§ 320 Abs. 1 Satz 1 BGB., vergl. auch RCPO. § 756.)

Der Käufer ist also zur Herausgabe des Thieres oder zu der diese ersetzenden Leistung verpflichtet, auch wenn der Käufer nicht vorgeleistet, auch wenn derselbe nicht seine Bereitwilligkeit zur Leistung erklärt, auch wenn derselbe nicht die Leistung angeboten hat. Der Käufer braucht aber seine Leistung nur dann zu bewirken, wenn der Verkäufer gleichzeitig die ihm obliegende Leistung bewirkt.

Diese Verpflichtung und Befugniß des Käufers bezw. Verkäufers endigen auch nicht durch die mora accipiendi des einen Theiles (§ 298 BGB.), jeder Theil ist zur Leistung nur dann verpflichtet, wenn der andere Theil gleichzeitig leistet. (Mot. II S. 201.)

2) Wenn der Verkäufer seine Leistungen (Kaufpreis mit Zinsen 2c.) zum größten Theile bewirkt hat und nur mehr mit einem verhältnißmäßig geringfügigen Theil in Rückstand ist, dann kann der Käufer die Rückgabe des Thieres nicht mehr verweigern, wenn dies gegen Treu und Glauben im Verkehr verstoßen würde.

(§ 320 Abs. 2 BGB.)

3) Wenn ein Theil auf die ihm geschuldete Leistung Klage erhebt, z. B. in dem Fall, wenn der Verkäufer sich mit der Wandelung zwar einverstanden erklärt hat, später aber die Rückzahlung des Kaufpreises verweigert, und wenn nun der Käufer auf Rückzahlung klagt, dann kann der Beklagte die Einrede bringen, daß der Gegner noch nicht geleistet habe und daß er nur gegen Bewirkung der Gegenleistung zu leisten verpflichtet sei. Dies hat aber nur die Wirkung, daß Beklagter zur Erfüllung Zug um Zug verurtheilt wird.

(§ 322 Abs. 1 BGB.)

4) Hat ein Theil vorzuleisten und es befindet sich der andere Theil in Annahmeverzug (§§ 293 ff. BGB.), dann kann der nicht säumige Theil gegen den andern Theil Klage dahin erheben, daß derselbe verurtheilt werde, die ihm obliegende Leistung nach Empfang der ihm von dem nicht säumigen Theil gebührenden Leistung zu bewirken.

(§ 322 Abs. 2 BGB.)

Hat eine Verurtheilung im Sinne des § 322 Abs. 1 oder Abs. 2 BGB. stattgefunden, dann kann der Kläger, wenn und solange der Beklagte und Verurtheilte im Annahmeverzug sich befindet, den Verurtheilten zur Bewirkung der diesem obliegenden Leistung im Wege der

Zwangsvollstreckung anhalten, ohne daß der Kläger verpflichtet wäre, seinerseits vorher oder gleichzeitig zu leisten.

(§ 322 Abs. 3 u. § 274 Abs. 2 BGB.)

VI. Verzug des Käufers in der Rückgabe des Thieres.

1) Wenn nach Vollzug der Wandelung (§ 465), wenn also der Kaufvertrag bereits aufgehoben ist, der Käufer mit der Rückgewähr des Thieres in Verzug kommt, dann kann der Verkäufer dem Käufer nach dem Eintritt des Verzuges eine angemessene Frist bestimmen unter gleichzeitiger Abgabe der Erklärung, daß er nach Ablauf der Frist die Annahme des Thieres ablehne.

Die bereits erfolgte Wandelung wird unwirksam, wenn die Rückgewähr vor dem Ablaufe der von dem Verkäufer gesetzten Frist nicht erfolgt.

(§§ 354 u. 467 BGB.)

Es kann nach Ablauf der Frist der Käufer nicht etwa (wenn überhaupt zulässig) Schadensersatz verlangen, da er mit dem Vollzug der Wandelung ja gebunden ist.

2) Wann kommt der Käufer in Verzug?

An sich muß der Käufer das Thier nebst dem Werth der Nutzungen sofort nach Vollzug der Wandelung zurückgeben, damit werden die beiderseitigen Leistungen fällig.

a) Damit nun der Käufer mit der Rückgewähr des Thieres in Verzug kommt, ist außer Fälligkeit der Leistung (d. i. Vollzug der Wandelung § 465 BGB.) erforderlich, daß der Verkäufer den Käufer gemahnt, d. h. zur Rückgabe des Thieres aufgefordert hat (§ 284 BGB)., die Mahnung ist formlos und wirkt, wenn sie dem Käufer gegenüber nicht persönlich abgegeben wird, erst von dem Zeitpunkt ab, in welchem sie ihm zugeht, sodaß er die Möglichkeit der Kenntnißnahme hat, sofern dem Käufer nicht vorher oder gleichzeitig ein Widerruf des Verkäufers zuging.

Ueber die näheren Modalitäten vergl. §§ 130 u. 131 BGB.

b) Die Mahnung gilt als zugegangen auch dann, wenn sie durch Vermittelung eines Gerichtsvollziehers zugestellt worden ist. Als Zeitpunkt des Empfanges gilt die Vollendung der Zustellung, also Uebergabe der Schriftstücke an den Zustellungsempfänger, bei Ersatzzustellungen Uebergabe an die Ersatzperson, Hinterlegung, Zurücklassung.

(§ 132 Abs. 1 BGB.)

c) Der Mahnung steht gleich die Erhebung der Klage auf Verurtheilung zur Leistung. Erhebung der Feststellungsklage enthält keine Mahnung.

Eine bloß eventuelle oder bedingte Mahnung ist unwirksam.

d) Der Verzug tritt aber nicht unmittelbar mit der Mahnung oder Klageerhebung ein, sondern erst mit Ablauf des Zeitraumes, der dem Käufer zur Bewirkung der Leistung offen gelassen werden muß.

Wenn nun der Käufer nach Ablauf dieses letztern Zeitraumes noch nicht leistet, dann kann der Verkäufer gemäß § 354 BGB. vorgehen.

e) Einer Mahnung bedarf es nicht, d. h. der Käufer kommt ohne solche in Verzug, wenn für die Rückgewähr eine Zeit kalendermäßig bestimmt ist und der Käufer zu dieser Zeit das Thier nicht zurückgiebt.

(§ 284 Abs. 2 BGB.)

3) Solange der Käufer mit der Rückgabe des Thieres nicht in Verzug ist, solange haftet er in dem Umfange wie sub IV angegeben ist.

Kommt jedoch der Käufer mit der Rückgewähr des Thieres in Verzug, dann steigert sich seine Haftung:

a) Der Verkäufer kann von dem Käufer Ersatz des durch den Verzug entstehenden Schadens verlangen.

(§§ 286 u. 249 ff. BGB.)

b) Der Käufer hat nunmehr auch für casus interitus und deteriorationis einzustehen. (§ 287 BGB.)

Der Verkäufer kann den ihm in Folge der Werthminderung des Thieres erwachsenen Schaden ersetzt verlangen, wenn er beweist, daß nach Eintritt des Verzuges eine Werthminderung eingetreten ist und daß er bei rechtzeitiger Leistung vor Eintritt dieser Werthminderung verkauft haben würde.

Es kann der Verkäufer natürlich auch Ersatz für Gewinnentgang fordern. (§ 252 BGB.)

Von dieser Haftung für Zufall während des Verzuges in der Rückgabe des Thieres kann sich der Käufer nur dadurch befreien, daß er dem Verkäufer die Einrede bringt und auch beweist: Der durch den Zufall entstandene Schaden wäre auch im Falle rechtzeitiger Leistung entstanden, sei es, daß derselbe oder auch ein anderer Zufall das Thier bei dem Gläubiger d. h. dem Verkäufer betroffen hätte.

Ist jedoch der Schadensersatzanspruch des Verkäufers bereits entstanden und es tritt dann ein Zufall ein, welcher das Thier bei dem Verkäufer (Gläubiger) betroffen hätte, wenn es nicht schon vorher untergegangen wäre, so kann sich der Käufer auf diesen Zufall nicht berufen, der bereits entstandene Ersatzanspruch des Gläubigers d. h. des Verkäufers bleibt unberührt.

(§ 287 Satz 2 BGB. Mot. II S. 64—65.)

Zu §. 487.

§. 469.

Sind von mehreren verkauften Sachen nur einzelne mangelhaft, so kann nur in Ansehung dieser Wandelung verlangt werden, auch wenn ein Gesammtpreis für alle Sachen festgesetzt ist. Sind jedoch die Sachen als zusammengehörend verkauft, so kann jeder Theil verlangen, daß die Wandelung auf alle Sachen erstreckt wird, wenn die mangelhaften Sachen nicht ohne Nachtheil für ihn von den übrigen getrennt werden können.

E. I § 389; II § 405; III § 463. Mot. II S. 235, 236. P. II Bd. I S. 693, 694.

§. 471.

Findet im Falle des Verkaufs mehrerer Sachen für einen Gesammtpreis die Wandelung nur in Ansehung einzelner Sachen statt, so ist der Gesammtpreis in dem Verhältnisse herabzusetzen, in welchem zur Zeit des Verkaufs der Gesammtwerth der Sachen in mangelfreiem Zustande zu dem Werthe der von der Wandelung nicht betroffenen Sachen gestanden haben würde.

E. I § 391; II § 407; III § 465. Mot. Bd. II S. 236. P. II Bd. I S. 694.

1) Wenn mehrere Thiere nicht als zusammengehörig verkauft sind, und es ist nur ein einzelnes Thier mangelhaft, dann kann nur bezüglich des mangelhaften Thieres Wandelung verlangt werden, auch wenn für alle Thiere ein Gesammtpreis vereinbart wurde. (§ 469 Satz 1 BGB.)

a) Dies gilt auch dann, wenn bei einem von mehreren veräußerten Thieren sich innerhalb der Gewährfrist eine ansteckende Krankheit gezeigt hat. Es kann also in diesem Falle nicht die Aufhebung des ganzen Vertrages verlangt werden, sondern nur bezüglich des mangelhaften Thieres.

b) Wenn Mutterthiere mit ihren Jungen veräußert werden und es zeigt sich innerhalb der Gewährfrist bei dem Mutterthiere oder dem Jungen ein Gewährsmangel, so kann nur bezüglich des einzelnen Thieres Wandelung verlangt werden, es sei denn, daß Mutterthier und Junges als zusammengehörig veräußert wurden und eine Trennung ohne Nachtheil nicht möglich ist. (§ 469 Satz 2 BGB.)

Ist in diesen Fällen sub 1) ein Gesammtpreis vereinbart, und es findet die Wandelung nur statt in Ansehung der fehlerhaften Thiere, dann ist der Gesammtpreis herabzusetzen in dem Verhältnisse, in welchem zur Zeit des Verkaufs der Gesammtwerth der Thiere in mangelfreiem Zustande zu dem Werthe der von der Wandelung nicht betroffenen Thiere gestanden haben würde. (§ 471 BGB.) (cf. auch § 473 BGB.)

Beispiel:

Gesammtpreis = 4200 Mk., herabgeminderter Preis = x, Gesammtwerth = 3600 Mk., Werth der nicht von der Wandelung betroffenen Thiere = 3000 Mk.

4200 : x = 3600 : 3000 x = 3500 Mk.

Der Gesammtpreis ist also auf 3500 Mk. festzusetzen, sohin um 700 Mk. herabzusetzen: 4200 — 3500 = 700 Mk.

2) Wurden jedoch die Thiere nach Absicht der Parteien als zusammengehörig verkauft z. B. als Paare, als Viergespann, als Züge, als Herde, so kann, auch wenn ein Gesammtpreis nicht vereinbart ist, jeder Theil verlangen, daß die Wandelung auf alle Thiere erstreckt werde, wenn die mangelhaften Thiere nicht ohne Nachtheil für ihn von den übrigen getrennt werden können. Letzteres ist questio facti. (§ 469 Satz 2 BGB.)

§. 488.

Der Verkäufer hat im Falle der Wandelung dem Käufer auch die Kosten der Fütterung und Pflege,

die Kosten der thierärztlichen Untersuchung und Behandlung sowie die Kosten der nothwendig gewordenen Tödtung und Wegschaffung des Thieres zu ersetzen.

E. I § 405; II § 423; III § 482. M. II S. 259 bis 261. P. II Bd. I S. 744. D. S. 68.

Pflichten des Verkäufers.

1) Der Verkäufer muß den Kaufpreis mit Zinsen, laufend von der Zeit des Empfanges an, zurückgewähren. (§ 346 Satz 1 u. § 347 Satz 3 u. 467 BGB.)

Die gesetzlichen Zinsen betragen, sofern durch Vertrag nicht ein Anderes bestimmt ist, vier vom Hundert. (§ 246 BGB.)

2) Der Verkäufer muß dem Käufer im Falle der Wandelung ferner ersetzen:

a) die Kosten der Fütterung und Pflege,
b) die Kosten der thierärztlichen Untersuchung und Behandlung,
c) die Kosten der nothwendig gewordenen Tödtung und Wegschaffung des Thieres.

(§ 488 BGB.)

Diese Kosten sind zu ersetzen von der Uebergabe des Thieres ab und zwar so lange als der Käufer diese Aufwendungen macht, also auch wenn der Verkäufer mit der Rücknahme des Thieres in Verzug ist.

Nicht unter die Kosten fallen die Aufwendungen zum Schutz gegen Seuchengefahr.

Wie bereits zu § 487 BGB. bemerkt, muß sich der Käufer des Thieres die wirklich gezogenen Nutzungen anrechnen lassen.

3) Der Verkäufer hat dem Käufer die Vertragskosten zu ersetzen.
(§ 467 Satz 2 BGB.)

4) Der Verkäufer hat dem Käufer, der nicht wandeln will, Schadensersatz wegen Nichterfüllung zu leisten in drei Fällen:

a) Wenn der Verkäufer das Nichtvorhandensein eines Hauptmangels zusicherte und wenn dieser Hauptmangel zur Zeit des Vertragsabschlusses (nicht des Gefahrüberganges) bereits vorhanden war. (§§ 463, 481 u. 490 Satz 1 BGB.)

b) Wenn der Verkäufer eine Eigenschaft des Thieres zusicherte und wenn diese Eigenschaft zur Zeit des Vertragsabschlusses nicht vorhanden war. (§§ 463, 481, 492 BGB.) Z. B. der Verkäufer garantirt für Trächtigkeit der verkauften Kuh; ist die Kuh im Momente des Vertragsabschlusses nicht trächtig, dann ist der Verkäufer schadensersatzpflichtig.

Zusatz zu a und b.

Der Verkäufer ist schadensersatzpflichtig, wenn der Hauptmangel, dessen Fehlen zugesichert wurde, zur Zeit des Vertragsabschlusses vorhanden war oder wenn die zugesicherte Eigenschaft zu dieser Zeit fehlte. Trat aber der Hauptmangel erst nach dem Vertragsabschlusse auf oder fiel die zugesicherte Eigenschaft erst nach diesem Zeitpunkte weg, dann ist der Verkäufer nicht schadensersatzpflichtig, er haftet dann einfach wie bei einem Hauptmangel.

Ueber den Begriff Zusicherung vergl. unten Anm. 2a zu § 492 BGB.

In beiden Fällen (a u. b) haftet der Verkäufer auch dann, wenn ihn ein Verschulden nicht trifft.

c) Wenn der Verkäufer den zur Zeit des Vertragsabschlusses vorhandenen Hauptmangel arglistig verschwieg, d. h. in Kenntniß des Mangels und im Bewußtsein, daß derselbe dem Käufer unbekannt geblieben war. (§ 463 BGB.)

Auch hier gilt die Bemerkung zu a und b, d. h. wenn der Verkäufer erst **nach** dem Vertragsabschluß von dem Hauptmangel Kenntniß erhält, dann haftet er nicht mehr auf das Erfüllungsinteresse. Der dolus muß also zur Zeit des Vertragsabschlusses vorhanden sein. (§ 463 Satz 2 BGB.)

Der Käufer muß das arglistige Verschweigen des Verkäufers beweisen.

d) Umfang der Schadensersatzpflicht.

Der Umfang der Schadensersatzpflicht in den Fällen 4a—c bemißt sich nach den Vorschriften der §§ 249 ff., die natürlich nur modifizirt Anwendung finden können. Prinzip ist: Der Verkäufer hat den Zustand herzustellen, der bestehen würde, wenn der zum Schadensersatze verpflichtende Umstand nicht eingetreten wäre, wenn also das Thier mit dem Hauptmangel, dessen Abwesenheit zugesichert wurde, **nicht** behaftet, oder wenn die zugesicherte Eigenschaft vorhanden gewesen wäre rc.

Der Verkäufer hat den Käufer, da eine andere Reparatur des Schadens gewöhnlich nicht möglich sein wird, in **Geld** zu entschädigen. (§ 251 BGB.)

Entsprechend dem eben erwähnten Prinzip muß der Verkäufer dem Käufer sowohl die positive Vermögenseinbuße als auch den entgangenen Gewinn ersetzen.

α. **Als entgangen gilt der Gewinn**, welcher nach dem gewöhnlichen Lauf der Dinge oder nach den besonderen Umständen mit Wahrscheinlichkeit erwartet werden konnte. (§ 252 BGB.)

Wenn z. B. der Verkäufer dem Käufer für schweren Zug des verkauften Pferdes garantirt hat und wenn diese zugesicherte Eigenschaft fehlt, dann kann der Käufer, der das Pferd nicht zum schweren Zug benutzen konnte, Ersatz des dadurch entgangenen Gewinnes verlangen.

β. Die **positive Vermögenseinbuße** kann eine verschiedene sein.

Z. B.: Das verkaufte Thier war mit einem von dem Verkäufer arglistig verschwiegenen Hauptmangel behaftet, der die anderen Thiere im Stalle angesteckt hat. Es sind in Folge der Krankheit, welche die Thiere durch die Ansteckung erworben haben, verschiedene derselben verendet. Der Verkäufer muß in diesem Falle den Werth dieser Thiere ersetzen.

§. 489.

Ist über den Anspruch auf Wandelung ein Rechtsstreit anhängig, so ist auf Antrag der einen oder der anderen Partei die öffentliche Versteigerung des Thieres und die Hinterlegung des Erlöses durch einstweilige Verfügung anzuordnen, sobald die Besichtigung des Thieres nicht mehr erforderlich ist.

E. I § 406; II § 424; III § 483. Mot. II S. 261; P. II Bd. I S. 744. D. S. 68.

Käufer und Verkäufer können ein Interesse daran haben, daß die Fütterungs- und Verpflegungskosten nicht ins Ungemessene wachsen, schon wegen der Ungewißheit des Prozeßausganges. Der Käufer kann noch ein spezielles Interesse haben, weil er z. B. Zahlungsunfähigkeit des Verkäufers befürchten muß.

1) Es muß der Rechtsstreit bereits anhängig sein.

2) Antragsberechtigt sind beide Theile, Kläger und Beklagter.

3) Die Anordnung der Versteigerung erfolgt durch einstweilige Verfügung gemäß §§ 935 ff. RCPO. Dabei ist zu beachten, daß diese einstweilige Verfügung nicht an die engeren Voraussetzungen des § 935 CPO.

gebunden ist. Die einstweilige Verfügung ist vom Gericht der Hauptsache auch dann zu erlassen, wenn nicht zu besorgen ist, daß durch eine Veränderung des bestehenden Zustandes die Verwirklichung des Rechtes einer Partei vereitelt oder wesentlich erschwert werden könnte.

Voraussetzung für den Erlaß der einstweiligen Verfügung ist jedoch, daß die Besichtigung des Thieres nicht mehr erforderlich ist.

4) Durch die einstweilige Verfügung wird die öffentliche Versteigerung des Thieres angeordnet, d. h. Versteigerung durch einen für den Versteigerungsort bestellten Gerichtsvollzieher oder zur Versteigerung befugten andern Beamten oder öffentlich angestellten Versteigerer. (§ 383 Abs. 3 BGB.)

5) Der Erlös wird bei der durch das Gericht oder allgemein bestimmten Hinterlegungsstelle hinterlegt. Ueber Hinterlegung vergl. § 372 ff. BGB. u. Art. 145 u. 146 Einf.Ges. z. BGB.

Es hat deshalb im Falle der Wandelung der Verkäufer statt des Anspruches auf Rückgewähr des Thieres den Anspruch auf Bewilligung der Auszahlung des Erlöses an ihn.

(cf. Planck a. a. O. § 489 Note am Ende.)

§. 490.

Der Anspruch auf Wandelung sowie der Anspruch auf Schadensersatz wegen eines Hauptmangels, dessen Nichtvorhandensein der Verkäufer zugesichert hat, verjährt in sechs Wochen von dem Ende der Gewährfrist an. Im Uebrigen bleiben die Vorschriften des §. 477 unberührt.

An die Stelle der in den §§. 210, 212, 215 bestimmten Fristen tritt eine Frist von sechs Wochen.

Der Käufer kann auch nach der Verjährung des Anspruchs auf Wandelung die Zahlung des Kaufpreises verweigern. Die Aufrechnung des Anspruchs auf Schadensersatz unterliegt nicht der im §. 479 bestimmten Beschränkung.

E. I § 407; II § 425; III § 484. Mot. II S. 261, 262. P. II Bd. I S. 745—748. D. S. 69.

Das Recht des Käufers, Wandelung oder Schadensersatz zu verlangen, charakterisirt sich nach dem BGB. als Anspruch; die Folge ist die, daß, soweit nicht abweichende Bestimmungen getroffen sind, die allgemeinen Bestimmungen über Verjährung (§ 194 ff. BGB.) entsprechende Anwendung finden.

I. Verjährungsfristen.

Vorbemerkung: Dadurch, daß die Person des Käufers oder Verkäufers wechselt, z. B. der Käufer verkauft das Thier weiter, wird die Frist nicht verlängert.

1. Dauer der Verjährung.

a) Der Anspruch auf Wandelung (§ 487 BGB.) sowie auf Schadensersatz, wegen eines Hauptmangels, dessen Nichtvorhandensein der Verkäufer zugesichert hat, verjährt in 6 Wochen vom Ende der Gewährfrist an. (§ 490 Abs. 1 BGB.)

Ueber den Fall, wenn eine Gewährfrist nicht bedungen ist, vergl. unten § 492 Note 1, 2 u. 3 a.

Andere Ansprüche, z. B. auf Bezahlung des Kaufpreises, verjähren natürlich nicht in der kurzen Frist.

b) Hat der Verkäufer den zur Zeit des Vertragsabschlusses vorhandenen Hauptmangel arglistig verschwiegen (§ 488 Note 4c), dann verjährt der Anspruch auf Wandelung und Schadensersatz in 30 Jahren vom Ende der Gewährfrist an.

Ueber den Fall, wenn eine Gewährfrist nicht bedungen ist, vergl. unten § 492 Note 1 u. 2 u. 3a.

(§§ 477 Abs. 1, 463, 481 u. 490 Abs. 1 Satz 2 BGB.)

2. Verlängerung der Verjährung.

Die 6 Wochen-Frist des § 490 kann durch Vertrag verlängert werden.

(§ 477 Abs. 1 Satz 2 und § 490 Abs. 1 Satz 2 BGB.)

Die vertragsmäßige Verlängerung bezüglich des Anspruches auf Wandelung wirkt nicht auch ohne Weiteres bezüglich des Anspruches auf Schadensersatz.

3. Beginn und Ende der Verjährung.

Die 6 Wochen-Frist beginnt mit dem auf den letzten Tag der Gewährfrist*) folgenden Tag und endigt gemäß § 188 Abs. 2 BGB. mit dem Ablauf desjenigen Tages der letzten Woche, welcher durch seine Benennung dem Tage entspricht, in welchen das Ereigniß, nämlich das Ende der Gewährfrist, fällt.

(§ 187 Abs. 1 und § 188 Abs. 2 BGB.)

Wenn also die Gewährfrist endigt am 17. Januar 1900, einem Mittwoch, dann beginnt die 6 Wochen-Verjährung am 18. Januar 1900 und endigt am 28. Februar 1900, einem Mittwoch.

Wenn die Verjährungsfrist während des Laufes verlängert wird, dann wird die neue Frist von dem Ablauf der vorigen Frist an berechnet.

(§ 190 BGB.)

Da innerhalb der Verjährungsfrist von dem Käufer irgend eine Willenserklärung abgegeben werden muß, z. B. Klageerhebung ꝛc., so endigt die 6 Wochen-Frist, wenn der letzte Tag auf einen Sonntag oder einen

---

*) Ueber den Fall, wenn eine Gewährfrist nicht bedungen ist, vergl. unten § 492 Note 3a.

am Erklärungsort nach Landesrecht staatlich anerkannten allgemeinen Feiertag fällt, erst mit Ablauf des nächsten Werktages.

(§ 193 BGB.)

4) In den beiden unter Ziff. 1 erwähnten Fällen ist nur von der Verjährung des Anspruches auf Wandelung die Rede.

a) Wenn nun dieser Anspruch vor Ablauf der Verjährung bereits realisirt ist, d. h. wenn der Verkäufer sich mit der von dem Käufer beanspruchten Wandelung einverstanden erklärt hat, die Wandelung somit vollzogen ist (§ 465), dann hat der Käufer einen neuen Anspruch, nämlich den, die ihm in Folge der vollzogenen Wandelung gebührenden Leistungen zu verlangen. Es muß also mit diesem Moment eine neue Verjährung beginnen, nämlich die 30jährige, da nur für den Anspruch auf Wandelung die kurze Verjährungsfrist gilt, nicht aber für die aus der vollzogenen Wandelung sich ergebenden neuen Rechte.

(Vergl. auch Planck a. a. O. §§ 477 Note 1a, 462 Note 3.)

b) Der Anspruch auf Schadensersatz wegen eines Hauptmangels dagegen, dessen Nichtvorhandensein der Verkäufer zugesichert hat, verjährt unter allen Umständen in 6 Wochen vom Ende der Gewährfrist an, weil, solange Schadensersatz nicht geleistet ist, der Käufer immer noch seinen Anspruch hat.

II. Unterbrechung und Hemmung der Verjährung.

Die Unterbrechung oder die Hemmung der Verjährung des Anspruches auf Wandelung bewirkt auch die Unterbrechung und Hemmung der Verjährung des Schadensersatzanspruches und umgekehrt. (§ 477 Abs. 3 u. § 490 Abs. 1 BGB.)

Es kann also der Käufer, der mit der Wandelungsklage abgewiesen wurde, seinen Anspruch auf Schadensersatz doch geltend machen, auch wenn bezüglich des letzteren die Verjährung an sich schon abgelaufen wäre, weil eben durch die Wandelungsklage auch die für den Schadensersatzanspruch laufende Verjährung unterbrochen wird.

A. Unterbrechung der Verjährung.

Die Verjährung kann unterbrochen werden. Die Unterbrechung hat die Wirkung, daß die bis zur Unterbrechung verstrichene Zeit nicht in Betracht kommt. Erst wenn die Unterbrechung beendigt ist, kann eine neue Verjährung beginnen. (§ 217 BGB.)

Unterbrechungsgründe sind:

1) Anerkennung des Anspruches auf Wandelung oder Schadensersatz. (§ 208 BGB.)

2) Klageerhebung (§ 209 Abs. 1).

3) Zustellung eines Zahlungsbefehles (§ 209 Abs. 2 Ziff. 1).

4) Konkursanmeldung (§ 209 Abs. 2 Ziff. 2).

5) Aufrechnung im Prozesse (§ 209 Abs. 2 Ziff. 3).

6) Streitverkündung (§ 209 Abs. 2 Ziff. 4).

7) Antrag auf Beweissicherung (§ 477 Abs. 2 BGB.).

8) Einreichung eines Gesuches an das höhere Gericht um Bestimmung des zuständigen Gerichts (§ 210 BGB.).

Nicht als Unterbrechungsgrund ist zu betrachten die außergerichtliche Mahnung des Gläubigers.

1) Ausdrückliche oder stillschweigende formlose Anerkennung des dem Käufer zustehenden Anspruches auf Wandelung oder Schadensersatz. (§ 208 BGB.)

Das Anerkenntniß muß gegenüber dem Käufer abgegeben sein und inhaltlich in verbindlicher Weise den Anerkennungswillen des Verkäufers zum Ausdruck bringen.*) Daß der Käufer das Anerkenntniß auch annimmt, ist nicht erforderlich; es genügt also die einseitige Erklärung des Verkäufers.

Die durch das Anerkenntniß bewirkte Unterbrechung endigt sofort d. h. sobald das Anerkenntniß abgegeben ist, beginnt eine neue Verjährung.

Wenn der Verkäufer den Anspruch des Käufers auf Wandelung auch anerkennt, so ist damit noch nicht gesagt, daß er mit der vom Käufer verlangten Wandelung sich einverstanden erklärt, es kann der Verkäufer trotz des Anerkenntnisses des Anspruches des Käufers doch die Wandelung nicht wollen.

Die Folge ist die, daß mit der Anerkennung des Anspruches auf Wandelung die Wandelung noch nicht vollzogen ist, mithin, daß der Käufer immer noch einen Anspruch auf Wandelung hat.

Eine weitere Folge ist die, daß von dem Momente des Anerkenntnisses an nur die kurze 6 wöchentliche Frist von Neuem zu laufen beginnt, es beginnt also nicht die 30 jährige Verjährung.

Wie ist es nun mit dem Schadensersatz?

Hier ist die Sache nicht anders.

Wenn auch der Verkäufer den Schadensersatzanspruch des Käufers anerkennt, so hat der Käufer allerdings immer noch einen Anspruch auf Schadensersatz. Die Anerkennung hat nur die Wirkung, daß sie die Verjährung unterbricht, sie hat aber nicht die Wirkung, einen neuen Klagegrund zu bilden, da der Käufer den Schadensersatzanspruch hat, dessen Grundlage eben nicht die Anerkennung ist, sondern die Erfüllung der gesetzlichen Voraussetzungen. Auch hier beginnt also vom Ende der Unterbrechung an die neue 6 Wochen-Frist. Es ist eben

*) Endemann l. c. § 91 III S. 591. A. M. Planck a. a. O. § 208 Note 2 S. 259.

immer der Schadensersatzanspruch, welcher der kurzen Verjährung unterliegt.

2) Klageerhebung des Käufers, indem er Wandelung oder Schadensersatz oder Lieferung eines mangelfreien Thieres verlangt.

(§ 209 Abs. 1 BGB.)

Sachlich zuständig für die Klage ist ohne Rücksicht auf die Höhe des Streitwerthes ausschließlich das Amtsgericht. (§ 23 GVG.)

Die Klage ist erhoben mit der Zustellung derselben. (Vergl. des Näheren §§ 253, 499, 500, 510 Abs. 2 RCPO.) Es genügt auch Klageerhebung bei einem unzuständigen Gericht. (cf. § 212 BGB.)

Ladung des Gegners zum Zwecke eines Sühneversuchs (§ 510 RCPO.) unterbricht die Verjährung nicht. (Mot. I zu § 170 S. 327—330.)

a) Die Unterbrechung durch Klageerhebung endigt, sobald der Prozeß rechtskräftig entschieden (§ 705 RCPO. u. § 219 BGB.) oder anderweitig z. B. durch gerichtlichen Vergleich (§ 794 Ziff. 1 RCPO.) erledigt ist. (§ 211 Abs. 1 BGB.)

Von diesem Moment ab beginnt die 30jährige Verjährung. (§ 218 BGB.)

Anerkenntniß, Verzicht und außergerichtlicher Vergleich sind nicht geeignet, die Unterbrechung zu endigen, weil dadurch der Prozeß nicht erledigt wird.

b) Wenn der Prozeß infolge einer Vereinbarung der Parteien (§ 251 RCPO.) oder dadurch in Stillstand geräth, daß er nicht betrieben wird (nicht auch dann, wenn das Gericht, soweit dasselbe, wie z. B. im Beweisverfahren, von Amtswegen für den Fortgang des Prozesses zu sorgen hat, es zum Stillstand kommen läßt) (Mot. I 331—333) so endigt die Unterbrechung mit der letzten Prozeßhandlung des Gerichts oder der Parteien, also nicht mit dem Eintritte des Stillstandes oder dem Ablaufe der vereinbarten Ruhezeit.

Nach Beendigung der Unterbrechung beginnt eine neue Verjährung. Diese wird nun dadurch, daß eine der beiden Parteien den Prozeß weiter betreibt z. B. durch Vornahme von Ladungen, Zustellungen in gleicher Weise wie durch Klageerhebung unterbrochen. (§ 211 Abs. 2 BGB.)

c) Wenn nun die Klage zurückgenommen (§ 271 RCPO.) oder durch ein nicht in der Sache selbst entscheidendes Urtheil rechtskräftig abgewiesen wird z. B. wegen Unzuständigkeit des Gerichts (absolutio ab instantia), dann verliert die Unterbrechung ihre Wirksamkeit mit rückwirkender Kraft, d. h. es wird so angesehen als ob die Unterbrechung gar nicht erfolgt wäre. (§ 212 Abs. 1 BGB.)

Erhebt nun aber der Berechtigte, der Käufer binnen 6 Wochen seit der Klagezurücknahme oder dem Tage der Rechtskraft des nicht in der Sache selbst entscheidenden Urtheiles von neuem Klage, so ist die Wirkung die, daß die erste Klageerhebung ihre Wirksamkeit zurückerlangt, d. h. die Verjährung gilt als durch die Erhebung der ersten Klage unterbrochen. (§ 212 Abs. 2 u. § 490 Abs. 2 BGB.)

Ueber die Berechnung der Frist vergl. §§ 187 u. 188 BGB.

3) Zustellung eines Zahlungsbefehles, in welchem der Käufer Ersatz des in einer bestimmten Geldsumme ausgedrückten Schadens verlangt. (§ 688 u. § 693 RCPO.)

Wandelung kann wegen der Voraussetzungen des § 688 RCPO. mittels Zahlungsbefehles nicht verlangt werden.

(§ 209 Abs. 2 Ziff. 1 BGB.)

Die Unterbrechung durch Zustellung eines Zahlungsbefehles gilt jedoch als nicht erfolgt, wenn die Wirkungen der Rechtshängigkeit erlöschen z. B. im Falle des § 701 RCPO., wenn Widerspruch nicht erhoben ist und die

Erlassung des Vollstreckungsbefehles nicht binnen der dort bestimmten 6monatlichen Frist nachgesucht wird.

(§ 213 BGB.)

4) Anmeldung des Anspruchs im Konkurse. (§ 209 Abs. 2 Ziff. 3 BGB.)

Die Unterbrechung dauert fort bis zur Beendigung des Konkurses.

(§ 214 Abs. 1 BGB. u. §§ 163, 190, 202, 204 RKO.)

Die Unterbrechung gilt als nicht erfolgt, wenn die Anmeldung zurückgenommen wird. (§ 214 Abs. 2 BGB.) Vergl. des Näheren noch § 214 Abs. 3 BGB.

5) Geltendmachung des Anspruchs durch Aufrechnung im Prozesse bis zur Höhe desjenigen Betrages, für welchen die Aufrechnung verlangt wird. (§ 209 Abs. 2 Ziff. 3 BGB.) Bloße einredeweise Geltendmachung unterbricht die Verjährung nicht. Hier kann ebenfalls nur der Schadensersatzanspruch in Betracht kommen. Wenn also der Verkäufer den Kaufpreis einklagt, dann kann der Verkäufer mit seinem Schadensersatzanspruch aufrechnen.

Die Verjährung wird unterbrochen durch Geltendmachung der Aufrechnung in der mündlichen Verhandlung gemäß § 281 RCPO.

6) Streitverkündung in dem Prozesse, von dessen Ausgange der Anspruch abhängt. (§ 209 Abs. 2 Ziff. 4 BGB.) Wenn der ursprüngliche Käufer das Thier weiter veräußert hat und nun wegen eines Gewährsmangels von seinem Käufer belangt wird, dann kann er die Unterbrechung der gegen ihn aus dem ersten Geschäft laufenden sechswöchentlichen Verjährung dadurch herbeiführen, daß er seinem Verkäufer den Streit verkündet. Selbstverständlich wird dabei vorausgesetzt, daß der Käufer rechtzeitig, d. h. spätestens zwei Tage nach Ablauf der Gewährfrist eine der in § 485 BGB. bezeichneten Handlungen vorgenommen hat.

Da unter diesen Handlungen auch die Streitverkündung aufgeführt ist, so wird die Verjährung unterbrochen, wenn die Streitverkündung innerhalb der zweitägigen Frist des § 485 BGB. erfolgt.

Erfolgt sie nicht innerhalb dieser genannten Frist, dann hat die später erfolgende Streitverkündigung nur dann unterbrechende Wirkung, wenn eine der andern in § 485 BGB. aufgeführten Handlungen innerhalb der zweitägigen Frist vorgenommen wurde.

Zu Ziffer 5 u. 6.

Die durch die Aufrechnung oder Streitverkündigung herbeigeführte Unterbrechung endigt mit der rechtskräftigen Entscheidung oder anderweitigen Erledigung des Prozesses. Die Bestimmungen über Endigung im Falle des Stillstandes (vergl. oben Ziff. 2 b u. § 211 Abs. 2) finden ebenfalls Anwendung. (§ 215 Abs. 1 BGB.)

Die Unterbrechung gilt jedoch als nicht erfolgt, wenn nicht binnen 6 Wochen nach der Beendigung des Prozesses Klage auf Befriedigung oder Feststellung des Anspruches erhoben wird.

Diese 6 Wochen Frist kann aus den Gründen der §§ 203, 206 u. 207 BGB. gehemmt werden.

(§ 215 Abs. 2 u. § 490 Abs. 2 BGB.)

7) Antrag des Käufers auf gerichtliche Beweisaufnahme zur Sicherung des Beweises.

(§ 477 Abs. 2 u. § 490 Abs. 1 BGB. u. § 485 ff. RCPO.)

a) Die Unterbrechung beginnt, sobald der Antrag bei Gericht eingereicht ist.

Sie endigt mit der Beendigung des Beweissicherungsverfahrens, also entweder mit der rechtskräftigen Abweisung des Beweissicherungsantrages oder mit dem Schluß der wirklich durchgeführten Beweisaufnahme.

Dabei finden die Vorschriften des § 211 Abs. 2 u. § 212 BGB. entsprechende Anwendung, damit die Unterbrechnng nicht zu weit ausgedehnt werden kann.

b) Die Beweisaufnahme kann, auch wenn nicht zu besorgen ist, daß das Beweismittel verloren oder die Benutzung desselben erschwert werde, beantragt werden. (Vergl. §§ 485 u. 488 RCPO.)

8) Wenn die Bestimmung des zuständigen Gerichts durch ein höheres Gericht zu erfolgen hat (§§ 36 u. 37 RCPO.), so wird die Verjährung durch die Einreichung des Gesuches an das höhere Gericht in gleicher Weise wie durch Klageerhebung unterbrochen, wenn die Klage binnen 6 Wochen nach Erledigung des Gesuches erhoben wird.

Auch hier finden die Vorschriften der §§ 203, 206, 207 entsprechende Anwendung.

(§ 210 BGB.)

B. Hemmung der Verjährung.

Es können Umstände eintreten, welche den Beginn der Verjährung hindern oder welche, wenn sie während des Laufes derselben sich ereignen, bewirken, daß der Zeitraum, während dessen sie bestehen, in die Verjährungsfrist nicht eingerechnet wird.

(§ 205 BGB.)

Hemmungsgründe werden nachstehend unter Ziff. 1—6 aufgeführt:

1) Die Verjährung ist gehemmt, solange die Leistung gestundet oder der Verpflichtete aus einem andern Grunde vorübergehend zur Verweigerung der Leistung berechtigt ist.

(§ 202 Abs. 1 BGB. — Vergl. auch Abs. 2 eod.)

2) Die Verjährung ist gehemmt, solange der Berechtigte durch Stillstand der Rechtspflege innerhalb der letzten 6 Monate der Verjährungsfrist, oder bei einer Verjährung von kürzerer Dauer, innerhalb dieser, an der Rechtsverfolgung gehindert ist.

(§ 203 Abs. 1 BGB.)

Nicht gehemmt wird die Verjährung im Falle des § 245 RCPO. (Abwesenheit im Kriegsdienst). Hier muß ein im Kriegsfall zu erlassendes Spezialgesetz abhelfen.

3) Hemmung tritt ferner ein, wenn der Berechtigte durch höhere Gewalt innerhalb der letzten 6 Monate der Verjährungsfrist oder bei einer Verjährung von kürzerer Dauer innerhalb dieser, an der Rechtsverfolgung verhindert ist.

Unter höherer Gewalt (vis maior) versteht man alle von außen kommenden Ereignisse, die nach menschlicher Berechnung nicht vorauszusehen und deren Eintritt und Wirkungen durch Vorkehrungen, welche zu dem durch dieselben zu erreichenden Erfolge nach der Verkehrsanschauung in vernünftigem Verhältniß stehen, nicht abgewendet werden können.

(Staub, Kommentar zum Handelsgesetzbuch, 3. u. 4. Aufl. 1896, Art. 395 § 5.)

Beispiele: Brand, Ueberschwemmung, Blitz, Sturm, Bergsturz, Erdbeben, Gewalt, Raub, Aufruhr, Plünderung 2c.

(§ 203 Abs. 2 BGB.)

4) Hemmung tritt ein bei Ansprüchen zwischen Ehegatten, solange die Ehe besteht,

ferner bei Ansprüchen zwischen Eltern und Kindern während der Minderjährigkeit der Kinder,

ferner bei Ansprüchen zwischen dem Vormund und dem Mündel während der Dauer des Vormundschaftsverhältnisses.

(§ 204 BGB.)

5) Ist eine geschäftsunfähige Person (§ 104 BGB.), z. B. eine Person unter sieben Jahren, eine wegen Geisteskrankheit entmündigte Person oder eine in der Geschäftsfähigkeit beschränkte, nicht prozeßfähige Person (§ 106 BGB.), z. B. ein Minderjähriger über sieben Jahre, ohne gesetzlichen Vertreter, so wird die gegen sie laufende Verjährung nicht vor dem Ablauf

von 6 Wochen nach dem Zeitpunkte vollendet, in welchem die Person unbeschränkt geschäftsfähig wird oder der Mangel der Vertretung aufhört.

(§ 206 u. § 490 Abs. 1 BGB.)

6) Die Verjährung eines Anspruches, der zu einem Nachlaß gehört, z. B. wenn der wandelungsberechtigte Käufer stirbt, oder sich gegen einen Nachlaß richtet, z. B. wenn der schadensersatzpflichtige Verkäufer stirbt, wird nicht vor dem Ablauf von 6 Wochen nach dem Zeitpunkt vollendet, in welchem die Erbschaft von dem Erben angenommen (§ 1943 ff. BGB.) oder der Konkurs über den Nachlaß eröffnet wird (§ 1975 ff. BGB.) oder von welchem an der Anspruch von einem Vertreter oder gegen einen Vertreter geltend gemacht wird.

(§ 207 BGB.)

III. Rechtsfolgen des Ablaufes der Verjährungsfrist.

Vorbemerkung: Die Verjährung ist nicht von Amtswegen zu berücksichtigen, sondern nur dann, wenn der Verpflichtete (hier der Verkäufer des Thieres) sich darauf beruft. (§ 222 Abs. 1 BGB.)

1) Die Rechtsfolge des Ablaufes der Verjährungsfrist ist die, daß der Käufer nicht mehr Wandelung oder Schadensersatz verlangen kann.

Hat der Käufer innerhalb der zweitägigen Frist des § 485 BGB. keine der dort bezeichneten Handlungen vorgenommen, dann erlischt mit Ablauf der Verjährung der ganze Anspruch, d. h. es gehen auch die dem Anspruch auf Wandelung oder Schadensersatz korrespondirenden Einreden verloren.

Hat jedoch der Verkäufer den Mangel arglistig verschwiegen, dann bleiben die Einreden nach Ablauf der Verjährung auch dann bestehen, wenn keine der Handlungen des § 485 BGB. vorgenommen wurde. (§ 485 Satz 2 BGB.)

2) Hat dagegen der Käufer innerhalb der zweitägigen Frist des § 485 BGB. eine der dort bezeichneten Handlungen vorgenommen, dann kann der Käufer auch nach Ablauf der Verjährung die Bezahlung des Kaufpreises verweigern oder, wenn er zugleich schadensersatzberechtigt ist, mit seiner Schadensersatzforderung aufrechnen.

(§ 490 Abs. III Satz 1 BGB. und § 478 Abs. 1 BGB.)

a) Recht des Käufers, die Bezahlung des Kaufpreises zu verweigern.

Wenn der Verkäufer gegen den Käufer den Kaufpreis einklagt, dann kann der Käufer die Einrede bringen: Das Thier hatte den und den Gewährsmangel. Ich habe diesen Mangel innerhalb der zweitägigen Frist des § 485 BGB. dem Verkäufer angezeigt. (Es genügt natürlich auch jede der andern in § 485 BGB. aufgeführten Handlungen.) Ich hätte deshalb Wandelung verlangen können und ich wäre auf Grund der Wandelung berechtigt gewesen, die Bezahlung des Kaufpreises zu verweigern. Deshalb verweigere ich die Bezahlung des Kaufpreises auch jetzt.

Beispiel: Das mit dem Gewährsmangel behaftete Pferd ist durch Zufall untergegangen oder wesentlich verschlechtert worden. Der Käufer hat rechtzeitig Anzeige erstattet. Der Verkäufer trägt den casus interitus und deteriorationis, d. h. der Käufer braucht im Falle der Wandelung für das Pferd keinen Ersatz zu leisten, der Verkäufer dagegen muß dem Käufer den Kaufpreis herausgeben oder was dasselbe ist, der Käufer braucht den Kaufpreis, wenn er ihn noch nicht gezahlt hat, nicht zu bezahlen.

(Vergl. oben § 487 IV. 1a.)

Wenn nun der Verkäufer nach Ablauf der Verjährungsfrist, ohne daß der Käufer vorher Wandelung verlangt hat, diesen Kaufpreis vom Käufer verlangt, dann kann der letztere die Einrede bringen: Ich verweigere die Bezahlung; denn ich wäre auch auf Grund der Wandelung dazu berechtigt gewesen.

b) Recht des Käufers, mit dem Schadensersatzanspruch aufzurechnen.

Wenn der Verkäufer den Kaufpreis einklagt und es hat der Käufer, der rechtzeitig eine der in § 485 BGB. bezeichneten Handlungen vorgenommen hat, Anspruch auf Schadensersatz (cf. oben § 488 Note 4), dann kann der Käufer gegenüber der Kaufpreisforderung mit seiner Schadensersatzforderung aufrechnen. (§ 387 ff. BGB.)

Die Aufrechnung des Anspruches auf Schadensersatz unterliegt nicht der im § 479 bestimmten Beschränkung; dafür kommen aber, wie bereits Eingangs erwähnt, die Bestimmungen des § 485 BGB. zur Anwendung, welcher strikte zu beachten ist.

Wenn also der Käufer keine der in § 485 BGB. bezeichneten Handlungen vorgenommen hat, dann kann er nicht aufrechnen.*)

§. 491.

Der Käufer eines nur der Gattung nach bestimmten Thieres kann statt der Wandelung verlangen, daß ihm an Stelle des mangelhaften Thieres

*) A. M. Rein a. a. O. S. 44. M. E. läßt sich § 485 BGB. nicht umgehen. Denn § 485 BGB. schließt jede Einrede aus, wenn nicht eine der in § 485 BGB. vorgeschriebenen Handlungen vorgenommen wurde. Vergl. auch Buchka, Vergleichende Darstellung des Bürgerlichen Gesetzbuchs. 2. Aufl. Berlin 1898. Verlag von Otto Liebmann.

ein mangelfreies geliefert wird. Auf diesen Anspruch finden die Vorschriften der §§. 488 bis 490 entsprechende Anwendung.

E. I § 408; II § 426; III § 485. Mot. II S. 263. P. II Bd. I S. 748. D. S. 69.

I. Wenn der Käufer ein nur der Gattung nach bestimmtes Thier gekauft hat, dann hat er wahlweise zwei Rechte:

1) Das Recht auf Wandelung, unter Umständen auf Schadensersatz. In diesem Falle gelten die allgemeinen Bestimmungen über Viehgewährschaft.

2) Das Recht, statt des mangelhaften Thieres die Lieferung eines mangelfreien zu verlangen.

Dieses Recht hat der Käufer jedoch nur dann, wenn er rechtzeitig eine der in § 485 BGB. vorgeschriebenen Handlungen vorgenommen hat.

In diesem Falle finden die Bestimmungen der §§ 488 bis 490 entsprechende Anwendung:

Es müssen also dem Käufer die Kosten der Fütterung und Pflege ꝛc. ersetzt werden (§ 488), beide Theile haben das Recht, die öffentliche Versteigerung des Thieres und die Hinterlegung des Erlöses zu verlangen (§ 489). Der Anspruch auf Lieferung eines mangelfreien Thieres verjährt in 6 Wochen von dem Ende der Gewährfrist an (§ 490).

II. Auf diesen Anspruch, statt der Wandelung die Lieferung eines mangelfreien Thieres zu verlangen, finden nachstehende Vorschriften entsprechende Anwendung:*)

1) § 464. Wenn der Käufer das nur der Gattung nach bestimmte Thier annimmt, obwohl er den Mangel

*) cf. § 480 Abs. 1 u. § 481 BGB.

kennt, dann kann er nicht statt des mangelhaften Thieres die Lieferung eines mangelfreien verlangen, einen Fall ausgenommen: nämlich den, daß der Käufer sich sein Recht (statt des mangelhaften Thieres die Lieferung eines mangelfreien Thieres zu verlangen), bei der Annahme ausdrücklich vorbehält.

Daß er die Vorschrift des § 464 BGB. auch dann beobachten muß, wenn er wandeln oder Schadensersatzanspruch geltend machen will, ist selbstverständlich.

2) § 465. Der Anspruch des § 491 BGB. ist realisirt, wenn der Verkäufer sich mit der von dem Käufer verlangten Lieferung eines mangelfreien Thieres einverstanden erklärt hat, oder wenn der Verkäufer rechtskräftig dazu verurtheilt worden ist.

3) § 466. Wenn der Käufer dem Verkäufer gegenüber einen Mangel des Thieres behauptet, dann kann der Verkäufer für die Ungewißheit, ob der Käufer Wandelung oder Lieferung eines mangelfreien Thieres will, dadurch beseitigen, daß er dem Käufer die Lieferung eines mangelfreien Thieres anbietet und ihn unter Bestimmung einer angemessenen Frist zur Erklärung darüber auffordert, ob er die Lieferung verlange. Die Lieferung kann dann nur bis zum Ablaufe der Frist verlangt werden.

Der Verkäufer kann sich natürlich auch zur Wandelung anbieten unter Bestimmung einer Frist und es kann dann die Wandelung nur bis zum Ablauf der Frist verlangt werden. Nach Ablauf der Frist kann dann nur mehr die Lieferung eines mangelfreien Thieres verlangt werden.

4) § 467 Satz 1 BGB.

Der Käufer muß das Thier zurückgeben. Er kann nun aber die Lieferung eines mangelfreien Thieres auch dann verlangen, wenn das mangelhafte Thier bei ihm durch Zufall untergegangen ist (§ 350 BGB.), er braucht dann nichts dem Verkäufer zu ersetzen.

Er kann die Lieferung eines mangelfreien Thieres nicht verlangen, wenn er eine wesentliche Verschlechterung, den Untergang oder die anderweitige Unmöglichkeit der Herausgabe verschuldet, wenn er das Thier geschlachtet oder wenn er das Thier veräußert oder mit dem Rechte eines Dritten belastet hat, so daß er das Thier nicht mehr zurückgeben kann. (§ 351—353 BGB. u. § 480 Abs. 1 BGB.)

Es gilt die Vorschrift des § 354: Wenn der Käufer, nachdem sich der Verkäufer mit der von dem Käufer verlangten Lieferung eines mangelfreien Thieres einverstanden erklärt hat, mit der Rückgabe des empfangenen Thieres in Verzug kommt, dann kann ihm der Verkäufer eine angemessene Frist mit der Erklärung bestimmen, daß er die Annahme des Thieres nach dem Ablaufe der Frist ablehne. Wenn dann der Käufer das Thier nicht vor dem Ablaufe der Frist zurückgibt, dann wird das Verlangen, statt des mangelhaften Thieres ein mangelfreies geliefert zu erhalten, unwirksam. Es gilt auch § 356.

5) § 469 BGB. Wenn von mehreren gekauften Thieren nur einzelne Hauptmängel haben, so kann nur in Ansehung dieser verlangt werden, daß an Stelle der fehlerhaften Thiere fehlerfreie geliefert werden.

Wenn jedoch die Thiere als zusammengehörig z. B. als Paare verkauft sind, dann kann der Käufer verlangen, daß, obwohl nur einzelne Thiere Hauptmängel haben, der Verkäufer doch alle Thiere zurücknimmt und statt derselben neue, fehlerfreie liefert, wenn die mangelhaften Thiere nicht ohne Nachtheil von den übrigen getrennt werden können.

6) Sind auf der einen oder andern Seite mehrere betheiligt, so kann von Jedem und gegen Jeden verlangt werden, daß an Stelle des mangelhaften Thieres ein mangelfreies geliefert werde.
(§ 474 BGB.)

7) § 476. Auch beim Kauf eines nur der Gattung nach bestimmten Thieres kann die Gewährspflicht erlassen oder beschränkt werden; eine diesbezügliche Vereinbarung ist jedoch nichtig, wenn der Verkäufer den Mangel arglistig verschwiegen hat.

8) Fehlt dem Thiere zu der Zeit, zu welcher die Gefahr auf den Käufer übergeht, eine zugesicherte Eigenschaft oder hat der Verkäufer einen Hauptmangel arglistig verschwiegen, so kann der Käufer statt der Wandelung oder der Lieferung einer mangelfreien Sache Schadensersatz wegen Nichterfüllung verlangen. (§ 480 Abs. 2 BGB.)

Man beachte die Abweichung von § 463 BGB., wo der Zeitpunkt des Kaufabschlusses maßgebend ist, d. h. der Käufer hat nur dann Anspruch auf Schadensersatz, wenn dem individuell bestimmten Thiere zur Zeit des Kaufabschlusses die zugesicherte Eigenschaft fehlt.

§. 492.

Uebernimmt der Verkäufer die Gewährleistung wegen eines nicht zu den Hauptmängeln gehörenden Fehlers oder sichert er eine Eigenschaft des Thieres zu, so finden die Vorschriften der §§. 487 bis 491 und, wenn eine Gewährfrist vereinbart wird, auch die Vorschriften der §§. 483 bis 485 entsprechende Anwendung. Die im §. 490 bestimmte Verjährung beginnt, wenn eine Gewähr-

frist nicht vereinbart wird, mit der Ablieferung des Thieres.

E. I § 411; II § 427; III § 486. Mot. II S. 264, 265. P. II Bd. I S. 748. D. S. 69.

Bei der Viehgewährschaft besteht volle Vertragsfreiheit und es kann deshalb die gesetzliche Haftung durch Vertrag erweitert werden.

1) Der Verkäufer kann durch eine besondere, mit dem Käufer getroffene Vereinbarung die Haftung für solche Fehler übernehmen, welche nicht zu den Hauptmängeln gehören.

Das allgemeine Versprechen des Verkäufers, die Gewährleistung für alle Fehler zu übernehmen, ist nicht blos auf die Hauptmängel zu beziehen, es haftet demnach der Verkäufer im Zweifel für jeden Fehler, der innerhalb der Gewährfrist sich gezeigt hat.

(P. II Bd. I S. 731—735.)

2) Der Verkäufer kann eine bestimmte Eigenschaft des Thieres zusichern, d. h. er garantirt z. B. dafür, daß die Kuh täglich 12 Liter Milch giebt, daß das Pferd im schweren Zuge geht, daß der Gaul stallfromm ist.

a) Unter „zugesicherter Eigenschaft" ist nicht auch die Zusicherung der Freiheit von Hauptmängeln (§ 490 Abs. 1 BGB.), sondern die Zusicherung anderer Eigenschaften als die Freiheit von Hauptmängeln zu verstehen. Es finden also im Falle der Zusicherung der Freiheit von Hauptmängeln nicht die Bestimmungen des § 492 Anwendung, da nach den dortigen Vorschriften die Gewährfrist besonders vereinbart bezw. wenn dies nicht geschehen wäre, der Beginn der Verjährungsfrist anders bestimmt werden müßte, was nicht als in der Absicht der Parteien gelegen zu betrachten ist.

(Vergl. auch § 488 Note 4a.)

Nach § 492 BGB. beginnt die Verjährung, wenn eine Gewährfrist nicht vereinbart wird, mit der Ablieferung des Thieres.

Wenn die Zusicherung der Freiheit von Hauptmängeln unter § 492 fallen würde und wenn eine Gewährfrist nicht vereinbart wäre, dann würde die Verjährung gemäß § 492 BGB. mit der Ablieferung des Thieres beginnen.

§ 492 findet nun aber keine Anwendung, d. h. in diesem Falle gilt die gewöhnliche Gewährfrist und die Verjährung beginnt eben mit dem Ende der Gewährfrist und nicht mit der Ablieferung des Thieres.

b) Die Zusicherung muß eine ernste sein, der Verkäufer muß ausdrücklich garantiren.

Allgemeine Anpreisungen, die im Verkehr üblich sind, darf man nicht als ernste Zusicherung auffassen. Z. B. der Gaul muß redlich und recht sein.

Nur ist die Möglichkeit gegeben, daß im letztern Fall unter Umständen eine Haftung wegen Betruges begründet ist.

(Mot. II 225.)

c) Vergl. hieher § 488 Note 4a u. b über Schadensersatzansprüche.

d) Ueber den Fall, daß bei einem nur der Gattung nach bestimmten Thier eine Eigenschaft zugesichert wird, vergl. § 491 Note 8.

3) In den Fällen sub 1 u. 2 sind zwei Möglichkeiten denkbar:

a) Es ist keine Gewährfrist bedungen.

In diesem Falle finden naturgemäß die Bestimmungen der §§ 482—486 BGB. keine Anwendung, weil diese sämmtlichen Bestimmungen eine Gewährfrist zur Voraussetzung haben.

An Stelle der Gewährfrist tritt hier die 6wöchentliche Verjährungsfrist, welche mit der Ablieferung des Thieres an den Käufer beginnt. Es muß also innerhalb dieser Frist der Anspruch auf Wandelung oder Schadensersatz geltend gemacht sein.

Dabei wird, da für den Anfang der Frist ein Ereigniß, d. i. die Ablieferung des Thieres, maßgebend ist, der Tag der Ablieferung gemäß § 187 BGB. nicht mitgerechnet, die Frist endigt jedoch gemäß § 188 Abs. 2 BGB. mit dem Ablauf des dem Tage der Ablieferung korrespondirenden Tages.

Beispiel: Wenn das Thier am 17. Januar 1900 abgeliefert wurde, dann beginnt die 6 Wochen-Frist am 18. Januar 1900 und endigt am 28. Februar 1900. (§ 193 BGB. ist zu beachten.)

Im Uebrigen finden die Bestimmungen der §§ 487 bis 491 BGB. entsprechende Anwendung: Es kann also auch nur Wandelung verlangt werden, auch wenn das Thier nicht mehr existirt, es kann ferner im Falle der Zusicherung einer bestimmten Eigenschaft Schadensersatz wegen Nichterfüllung verlangt werden. (§ 463 BGB.) Vergl. oben § 488 Note 4b.,

es gelten die Vorschriften der §§ 487 u. 488 BGB. über die besondern Rechte und Pflichten der Parteien in Folge der Wandelung (cf. oben § 487 IV und § 488 Note 1—3 u. 4b u. c),

es gelten die Vorschriften über Verjährung, über Kompensationsbefugniß auch nach Ablauf der Verjährung (§ 490 BGB.),

es gilt § 491 BGB., wonach statt des mangelhaften Thieres die Lieferung eines mangelfreien Thieres verlangt werden kann.

b) Es ist eine Gewährfrist bedungen.

In diesem Fall finden auch die Bestimmungen der § 483 (der Tag des Gefahrüberganges wird nicht mitgerechnet), § 484 (Vermuthung), § 485 (Anzeigepflicht innerhalb der zweitägigen Frist) Anwendung. Daß die

Vorschriften der §§ 487—491 Anwendung finden, ist selbstverständlich.

Die Gewährfrist kann ausdrücklich festgesetzt werden, sie kann aber auch aus den Umständen des Falles entnommen werden. Wenn z. B. der Verkäufer einer Kuh dafür garantirt, daß dieselbe bis 1. Februar 1900 mit dem Kalbe kommt, so liegt darin die Vereinbarung einer Gewährfrist, welche mit Ablauf des 1. Februar 1900 endigt. Innerhalb 6 Wochen vom 1. Februar an muß die Klage gestellt werden; außerdem muß natürlich innerhalb zweier Tage nach dem 1. Februar eine der in § 485 BGB. bezeichneten Handlungen vorgenommen worden sein.

Zu letzterem Beispiele mag bemerkt werden, daß, wenn die Kuh mit Ablauf des 1. Februar nicht gekalbt hat, nur Wandelung verlangt werden kann, nicht auch Schadensersatz.

Denn gemäß § 463 BGB. kann Schadensersatz nur dann verlangt werden, wenn dem verkauften Thiere zur Zeit des Kaufabschlusses eine zugesicherte Eigenschaft fehlt.

Daß diese Voraussetzung des § 463 BGB. im Falle einer derartigen Garantie nicht gegeben sein kann, liegt auf der Hand.

§. 493.

Die Vorschriften über die Verpflichtung des Verkäufers zur Gewährleistung wegen Mängel der Sache finden auf andere Verträge, die auf Veräußerung oder Belastung einer Sache gegen Entgelt gerichtet sind, entsprechende Anwendung.

E. II § 429; III § 488. P. II Bd. I S. 748.

Die Bestimmungen über Viehgewährschaft finden nicht blos auf Kaufverträge Anwendung (cf. § 481 BGB.), sondern auch auf andere Verträge, welche auf Veräußerung oder Belastung gegen Entgelt gerichtet sind.*)

a) Es muß sich also um eine Veräußerung oder Belastung handeln, z. B. Tausch, Hingabe an Zahlungsstatt, Bestellung eines Pfandrechtes, eines Nießbrauches, Vergleich, wenn das Thier Aequivalent für eine Gegenleistung ist, Theilungen.

b) Es muß eine entgeltliche Veräußerung oder Belastung sein.

Die Bestimmungen über Viehgewährschaft finden also keine Anwendung bei unentgeltlichen Veräußerungen, z. B. Schenkungen, Vermächtnissen, bei Dotation.

Bei der Schenkung ist jedoch Folgendes zu beachten:

α. Verschweigt der Schenker arglistig den Fehler des verschenkten Thieres, so ist er verpflichtet, dem Beschenkten den daraus entstehenden Schaden zu ersetzen. (§ 524 Abs. 1 BGB.)

β. Wenn der Schenker die Leistung eines nur der Gattung nach bestimmten Thieres — also nicht eines bereits bestimmten Thieres — versprochen hat, das er erst erwerben sollte, so kann der Beschenkte, wenn das Thier fehlerhaft ist, verlangen, daß ihm an Stelle des fehlerhaften Thieres ein fehlerfreies geliefert wird.

Dies kann aber der Beschenkte nur dann verlangen, wenn dem Schenker der Mangel beim Erwerb des

---

*) Die Ansicht Endemanns a. a. O. § 361 Note 23, welcher die Anwendung des § 493 auf die Viehgewährschaft ausschließen will, kann ich nicht für richtig halten, cf. auch Planck a. a. O. § 495 Anm., Kuhlenbeck § 493 Note 1.

Thieres bekannt war oder in Folge grober Fahrlässigkeit unbekannt geblieben ist.

Hat jedoch der Schenker den Fehler arglistig verschwiegen, so kann der Beschenkte statt der Lieferung eines fehlerfreien Thieres Schadensersatz wegen Nichterfüllung verlangen. (§ 524 Abs. 2 BGB.)

Ueber die für die Dotation geltenden gleichen Grundsätze vergl. § 1624 Abs. 2 BGB.

Sachregister.

N. bedeutet Note.
S. „ Seite.

B.

C.

D.

E.

L.

M.

T.

U.

V.

W.

Z.

Anhang.

Anlage I.

Kaiserliche Verordnung, betreffend die Hauptmängel und Gewährfristen beim Viehhandel.
Vom 27. März 1899.

Erläutert von Heinrich Weiskopf, Kgl. Kreisthierarzt der k. Regierung von Schwaben und Neuburg in Augsburg.

Anlage II.

Verzeichniß der sämmtlichen für vorstehende Arbeit angezogenen Paragraphen des Bürgerlichen Gesetzbuches.

Anlage I.

Verordnung, betreffend die Hauptmängel und Gewährfristen beim Viehhandel.

Vom 27. März 1899.

(RGBl. Nr. 13, S. 219/220.)

Wir **Wilhelm**, von Gottes Gnaden Deutscher Kaiser, König von Preußen rc.

verordnen auf Grund des §. 482 Abs. 2 des Bürgerlichen Gesetzbuchs im Namen des Reichs, nach erfolgter Zustimmung des Bundesraths, was folgt:

§. 1.

Für den Verkauf von Nutz- und Zuchtthieren gelten als Hauptmängel:

I. bei Pferden, Eseln, Mauleseln und Maulthieren:

1. Rotz (Wurm) mit einer Gewährfrist von vierzehn Tagen;
2. Dummkoller (Koller, Dummsein) mit einer Gewährfrist von vierzehn Tagen; als Dummkoller ist anzusehen die allmählich oder in Folge der

akuten Gehirnwassersucht entstandene, unheilbare Krankheit des Gehirns, bei der das Bewußtsein des Pferdes herabgesetzt ist;

3. Dämpfigkeit (Dampf, Hartschlägigkeit, Bauchschlägigkeit) mit einer Gewährfrist von vierzehn Tagen; als Dämpfigkeit ist anzusehen die Athembeschwerde, die durch einen chronischen, unheilbaren Krankheitszustand der Lungen oder des Herzens bewirkt wird;

4. Kehlkopfpfeifen (Pfeiferdampf, Hartschnaufigkeit, Rohren) mit einer Gewährfrist von vierzehn Tagen; als Kehlkopfpfeifen ist anzusehen die durch einen chronischen und unheilbaren Krankheitszustand des Kehlkopfs oder der Luftröhre verursachte und durch ein hörbares Geräusch gekennzeichnete Athemstörung;

5. periodische Augenentzündung (innere Augenentzündung, Mondblindheit) mit einer Gewährfrist von vierzehn Tagen; als periodische Augenentzündung ist anzusehen die auf inneren Einwirkungen beruhende, entzündliche Veränderung an den inneren Organen des Auges;

6. Koppen (Krippensetzen, Aufsetzen, Freikoppen, Luftschnappen, Windschnappen) mit einer Gewährfrist von vierzehn Tagen;

II. bei Rindvieh:

1. tuberkulöse Erkrankung, sofern in Folge dieser Erkrankung eine allgemeine Beeinträchtigung

des Nährzustandes des Thieres herbeigeführt ist, mit einer Gewährfrist von vierzehn Tagen;

2. Lungenseuche mit einer Gewährfrist von achtundzwanzig Tagen;

III. bei Schafen:

Räude mit einer Gewährfrist von vierzehn Tagen;

IV. bei Schweinen:

1. Rothlauf mit einer Gewährfrist von drei Tagen;
2. Schweineseuche (einschließlich Schweinepest) mit einer Gewährfrist von zehn Tagen.

§. 2.

Für den Verkauf solcher Thiere, die alsbald geschlachtet werden sollen und bestimmt sind, als Nahrungsmittel für Menschen zu dienen (Schlachtthiere), gelten als Hauptmängel:

I. bei Pferden, Eseln, Mauleseln und Maulthieren:

Rotz (Wurm) mit einer Gewährfrist von vierzehn Tagen;

II. bei Rindvieh:

tuberkulöse Erkrankung, sofern in Folge dieser Erkrankung mehr als die Hälfte des Schlachtgewichts nicht oder nur unter Beschränkungen als Nahrungsmittel für Menschen geeignet ist, mit einer Gewährfrist von vierzehn Tagen;

III. bei Schafen:

allgemeine Wassersucht mit einer Gewährfrist von vierzehn Tagen; als allgemeine Wassersucht ist anzusehen der durch eine innere Erkrankung oder durch ungenügende Ernährung herbeigeführte wassersüchtige Zustand des Fleisches;

IV. bei Schweinen:

1. tuberkulöse Erkrankung unter der in der Nr. II bezeichneten Voraussetzung mit einer Gewährfrist von vierzehn Tagen;
2. Trichinen mit einer Gewährfrist von vierzehn Tagen;
3. Finnen mit einer Gewährfrist von vierzehn Tagen.

Urkundlich unter Unserer Höchsteigenhändigen Unterschrift und beigedrucktem Kaiserlichen Insiegel.

Gegeben Berlin im Schloß, den 27. März 1899.

(L. S.) **Wilhelm.**

Fürst zu Hohenlohe.

Hauptmängel.

A) Für den Verkauf von **Nutz- und Zuchtthieren** gelten als Hauptmängel:

I. bei **Pferden,** Eseln, Mauleseln und Maulthieren:

1) Rotz (Wurm). Derselbe verläuft meist langsam und fieberlos — chronischer Rotz —, in seltenen Fällen

auch rasch — akuter Rotz —; er ist ansteckend und unheilbar. Man unterscheidet den Nasenrotz und den Hautrotz (Wurm). Die beiden Formen sind oft bei einem und demselben Pferde vereinigt vorhanden. Sichere Merkmale des Nasenrotzes sind: spärlicher, manchmal auch reichlicher, anfangs dünner, schleimiger, grünlichgelber oder weißgrauer Nasenausfluß, welcher an den Nasenrändern anklebt, zu Krusten vertrocknet, zuweilen mit Blut vermischt und in der Regel einseitig ist, aber auch an beiden Nasenöffnungen vorkommen kann; harte, begrenzte, unempfindliche, am Hinterkiefer anliegende und wenig bewegliche, äußerst selten in Eiterung übergehende Anschwellung der Kehlgangsdrüsen von Haselnuß- bis Hühnerei-Größe und zwar an jener Seite, an welcher der Nasenausfluß vorhanden ist; geröthete oder gelbliche, kleine, harte Knötchen auf der Schleimhaut der Nasenhöhle, besonders auf jener der Scheidewand, aus welchen sich runde, anfangs schwache Geschwürchen mit aufgeworfenem zackigem Rande und schmutzig-graugelbem Grunde bilden, die auch ineinander übergehen und dann als größere, unregelmäßige, buchtige Geschwüre erscheinen können. — Die drei genannten Merkmale müssen nicht gerade vereint vorhanden sein. Auch zwei derselben deuten auf Rotz hin. — Dabei sind die Pferde munter und zeigen Freßlust. — Ausgebildeter Nasenrotz ist leicht zu erkennen.

Als sichere Kennzeichen des Hautrotzes (Wurmes), welcher seinen Hauptsitz in der Haut hat, gelten: runde, schmerzlose, haselnuß- bis walnußgroße, mehr oder weniger zahlreiche Beulen in der Haut der verschiedenen Körperstellen, welche oft durch die angeschwollenen Lymphgefäße perlschnurartig mit einander verbunden sind, bald aufbrechen und sich in Geschwüre mit speckigem Grunde, aufgeworfenen Rändern und jauchiger Absonderung verwandeln. Oefter schwillt zuerst eine Hintergliedmaße an und die Pferde gehen lahm.

Bei dem Nasen- und dem Haut-Rotze kommt meist gleichzeitig der Lungenrotz vor, welcher sich durch zahlreiche kleinere Rotzknötchen oder Rotzknoten in den Lungen bei der Sektion feststellen läßt. Manchmal ist beim Hautrotze auch der Nasenrotz zugegen. Die den Nasen- und den Haut-Rotz kennzeichnenden Erscheinungen können oft nur spärlich vorhanden sein oder ganz fehlen und es liegt dennoch der Lungenrotz (für sich allein) vor. Solche Pferde fallen durch schlechtes Aussehen bei guter Fütterung, durch mattes, glanzloses Haar, durch beschleunigtes Athmen und schwachen Husten, manchmal auch durch Thränen eines Auges auf. Nach kürzerer oder längerer Zeit gesellt sich zum Lungenrotz gewöhnlich der Nasen- oder Haut-Rotz, wobei die Krankheit manchmal einen raschen Verlauf annimmt, indem sich reichlicher Nasenausfluß, rasch um sich greifende Geschwüre auf den Nasenschleimhäuten mit Anschwellung der Füße, des Bauches und der Brust einstellen, die Schwäche und Hinfälligkeit überhand nimmt und bald der Tod eintritt.

Wenn wirkliche Rotzgeschwüre auf der Nasenscheidewand oder auf der Haut sich zeigen, dann ist das Pferd rotzkrank, wenn auch alle anderen Erscheinungen fehlen sollten. Volle Gewißheit über das Vorhandensein des Rotzes giebt in manchen Fällen lediglich die Sektion, bei welcher sich die hauptsächlichsten krankhaften Veränderungen in den Lungen und in den Bronchialdrüsen vorfinden. — Bei Eseln, Mauleseln und Maulthieren nimmt der Rotz gewöhnlich einen raschen Verlauf.

2) Dummkoller (Koller, Dummsein). Als solcher ist anzusehen die allmählich oder infolge der akuten Gehirnwassersucht entstandene, unheilbare Krankheit des Gehirns, bei der das Bewußtsein herabgesetzt ist. — Der Dummkoller äußert sich in Störungen des Bewußtseins, der Vorstellung, des Willens und der Empfindung. Vorstellung und Bewußtsein des Pferdes sind in ver-

schiedenem Grade gestört, herabgesetzt, oder wie in den höchsten Graden, ganz aufgehoben. Die Willensthätigkeit ist geschwächt. Bei dem dummkollerigen Pferde sind folgende Erscheinungen wahrzunehmen: der Puls ist langsamer, der Blick ist stier, blöde, völlig ausdruckslos; die Augen sind oft halb geschlossen und es besteht ein schläfriges Verhalten; der Kopf wird gesenkt gehalten oder auf den Barren gestützt; die Stellung der Gliedmaßen ist öfter eine widernatürliche, ebenso das Heben derselben bei der Bewegung. Solche Pferde kümmern sich nicht um ihre Umgebung, lassen ein falsches Ohrenspiel erkennen, sind faul und träge, schwer oder gar nicht rückwärts zu bewegen, treten auf Aufforderung nicht oder nur langsam rechts oder links; sie lassen sich auf die Krone treten, in die Ohren greifen, vor die Stirne schnellen, in die Flanken kneipen und spüren diese Eindrücke oder auch das Antreiben mit der Peitsche nicht oder nur in geringem Grade; sie legen sich bei der Bewegung stark auf das Gebiß, sind schwerer lenksam und gehen ohne Führung zuweilen von der Fahrstraße ab. Nicht selten sind sie bei Geräusch oder beim Klatschen sehr schreckhaft, fahren zusammen und zittern. Dummkollerige Pferde nehmen das niedrig gelegene Futter lieber auf und fressen nicht anhaltend mit hochgehaltenem Kopfe; sie ziehen eine Partie Heu von der Raufe herab und verzehren es vom Boden oder vom Barren. Bei der Aufnahme des Heues und des Kurzfutters kauen sie öfter plötzlich langsamer und unterbrechen auch zeitweise das Kauen ganz. Bei der Getränkaufnahme tauchen sie das Maul tiefer, oft bis über die Nasenlöcher, in das Wasser oder berühren mit geschlossenem Maule nur die Oberfläche des Wassers. Auch Untugenden, wie Beißen, Schlagen 2c. sind nicht selten bei solchen Pferden wahrzunehmen. — Zuweilen tritt eine Verminderung (scheinbare Besserung) der Erscheinungen auf; der Dummkoller ist jedoch immer von lebenslänglicher Dauer. — Einzelne

Symptome sind bei der Beurtheilung des Dummkollers nicht maßgebend und es müssen alle Erscheinungen in ihrer Gesammtheit berücksichtigt werden, wobei zu beachten ist, daß verschiedene Erscheinungen oft fehlen oder weniger ausgeprägt sein können, wie auch einzelne dem Dummkoller zukommende Erscheinungen vorliegen können, ohne daß der Dummkoller besteht.

Der Dummkoller beruht in einer chronischen Wassersucht der Gehirnkammern; außerdem können verschiedene krankhafte Prozesse im Gehirn das Bewußtsein des Pferdes herabsetzen und das Bild des Dummkollers erzeugen. Aus der akuten Gehirnwassersucht kann sich ebenfalls der Hauptmangel entwickeln und es fällt in diesem Falle der Anfang des Dummkollers mit dem Ende der akuten Gehirnwassersucht zusammen. — Auf die Verminderung der Gebrauchsfähigkeit, welche beim Dummkoller immer vorhanden ist, wenn auch die Pferde noch zu gewissen Diensten längere Zeit benutzt werden können, ist besonderes Gewicht zu legen.

Um den Dummkoller festzustellen, wird es nöthig, das Pferd bis zum Schweißausbruche zu fahren oder zu reiten; nicht selten wird eine wiederholte Untersuchung und zwar mehrere Tage später nothwendig.

Der Dummkoller kann mit Gehirnkongestion und Gehirnentzündung, Magen- und Leberkoller, Samen- und Mutterkoller, Stätigkeit, mit Affektionen in Folge des Zahnwechsels &c. verwechselt werden.

3) Dämpfigkeit (Dampf, Hartschlägigkeit, Bauchschlägigkeit). Als solche ist anzusehen die Athembeschwerde, die durch einen chronischen, unheilbaren Krankheitszustand der Lungen und des Herzens bewirkt wird.

Das Leiden verläuft fieberlos; die Athembeschwerde steht zur verlangten Dienstleistung in gar keinem Verhältniß. Die Athembeschwerde offenbart sich in der sehr gesteigerten Zahl der Athemzüge, in einer mühsamen, deutlich angestrengteren Athmung, welche sich durch eine stoßende, pumpende Thätigkeit der Bauchpresse und durch eine rinnenartige Vertiefung (Dampfrinne) längs den falschen Rippen, sowie durch ein Heben und Senken in den Flanken und Hervordrängen des Afters zu erkennen giebt. Die Athembeschwerde charakterisirt sich noch durch das frühere Eintreten in einem ungewöhnlichen Grade bei der Bewegung und durch die langsamere Beruhigung des Athmens nach derselben. Dumpfer, matter Husten ist häufig im Zustande der Ruhe, manchmal auch während der Bewegung wahrzunehmen.

Die Ursachen der Dämpfigkeit sind: chronische Lungenkrankheiten: wie Lungenemphysem, Schwund des Lungengewebes, Veränderungen in Folge vorausgegangener Lungenentzündung oder chronische Herzkrankheiten, Herzvergrößerung, Klappenfehler, überhaupt Herzfehler. Die Untersuchung auf Dämpfigkeit ist nach vorausgegangener Ruhe vorzunehmen und zwar sowohl im Zustande der Ruhe, wie in der Bewegung (Fahren, Reiten). Bei der Untersuchung im Fahren empfiehlt es sich, ein zweites gesundes Pferd von beiläufig gleicher Körperstärke hinzu zu spannen. Auch ist das Geschirr in Betracht zu ziehen.

4) Kehlkopfpfeifen (Pfeiferdampf, Hartschnaufigkeit, Rohren). Als solches ist anzusehen die durch einen chronischen, unheilbaren Krankheitszustand des Kehlkopfs und der Luftröhre verursachte und durch ein hörbares Geräusch gekennzeichnete Athemstörung.

Die mit diesem Leiden behafteten Pferde athmen im Zustande der Ruhe, mit wenigen Ausnahmen, gewöhnlich regelmäßig. In der Bewegung (Laufen oder schweres Ziehen, hauptsächlich bergauf) lassen sie dagegen früher oder später in einem mit der Anstrengung steigenden

Grade ein erschwertes, anstrengendes, mit einem eigenthümlich pfeifenden oder rohrenden Geräusche verbundenes Athmen erkennen, welches beim Heraufnehmen des Kopfes um so schneller und stärker hervortritt und bei welchem die Nasenöffnungen stark erweitert werden. Nach der Bewegung verschwinden die Geräusche mehr oder weniger schnell; sie dauern selten länger als fünf Minuten. Die Geräusche selbst sind verschieden und am stärksten bei Erstickungsgefahr.

Das Leiden entwickelt sich in der Regel langsam, in seltenen Fällen, z. B. nach vorausgegangenen akuten Krankheiten der Luftwege, der Halsbräune 2c. recht schnell. Die Ursachen des Fehlers haben ihren Grund in einem Schwunde der Kehlkopfmuskeln und einer Erkrankung des nervus recurrens (linkerseits) oder in einer mechanischen Beengung des Kehlkopfes und der Luftröhre in Folge verschiedener krankhafter Zustände dieser Gebilde.

Beim Reiten im gesammelten Galopp tritt das Pfeifen am frühesten hervor. Das Geschirr (der Sattel), hauptsächlich der Kehlriemen sind vor der Untersuchung des Pferdes genau zu prüfen.

5) Periodische Augenentzündung (innere Augenentzündung, Mondblindheit). Als solche ist anzusehen die auf inneren Einwirkungen beruhende, entzündliche Veränderung an den inneren Organen des Auges. Die Krankheit äußert sich durch: erhöhte Empfindlichkeit des kranken Auges gegen das Licht (Lichtscheue), Schmerzhaftigkeit, Schließen der Augenlider, Verengerung des Sehlochs (Pupille), starke Thränenabsonderung, Röthung der Bindehaut, Trübung der wässerigen Feuchtigkeit in der vorderen Augenkammer, Auftreten von flockigem Gerinnsel in derselben, Trübung der durchsichtigen Hornhaut, welche einen schieferblauen Schimmer zeigt. Die Entzündungserscheinungen treten plötzlich ohne äußere Veranlassung

auf, dauern einige Tage, manchmal auch zwei oder drei Wochen und kehren in kürzeren oder längeren unbestimmten Zwischenräumen wieder. Gewöhnlich ist nur **ein** Auge ergriffen, welches schließlich völlig erblindet (grauer Staar), worauf meist der Krankheitsprozeß am anderen, bisher gesunden Auge hervortritt. Meist sind bei der Krankheit die Regenbogen- und Aderhaut vorherrschend ergriffen. Auf die periodische Wiederkehr des Anfalls ist Werth zu legen. Es darf das Vorhandensein der periodischen Augenentzündung nicht auf den vorübergehenden Anfall beschränkt werden, vielmehr ist in der freien Zwischenzeit ein solches Pferd auch als mit diesem Leiden behaftet anzusehen. Eine Augenentzündung, welche auf äußeren Einwirkungen beruht, kann nicht als eine periodische angesehen werden.

Absichtliche Täuschungen werden nicht selten vorgenommen, indem einerseits dieser Hauptmangel nachzuahmen, andererseits die wirklich vorhandene periodische Augenentzündung zu verstecken gesucht wird.

6) **Koppen** (Krippensetzen, Aufsetzen, Freikoppen, Luftschnappen, Windschnappen). Das Koppen der Pferde ist eine Untugend, die in **willkürlichem Abschlucken von Luft**, für sich oder mit Speichel zu Schaum gemischt, besteht. Bei dem Koppen benehmen sich die Pferde verschieden; manche setzen die Schneidezähne auf Gegenstände verschiedener Art, auf den Rand der Krippe (Krippensetzer), auf die Kette, auf ihr eigenes Knie auf; andere beißen auf den Rand der Krippe (Krippenbeißer) oder auf einen anderen Gegenstand; andere nehmen den Gegenstand zwischen die Zähne; andere stützen sich mit den Zähnen nicht auf einen Gegenstand, sondern nicken nur mit dem Kopfe (Luft- oder Freikoppen), beim Stehen oder beim Reiten oder Fahren; wieder andere schlagen mit der Zunge. Bei dem Koppen wird das Athmen unterbrochen und **unter sichtbarer Zusammen-**

ziehung der am vorderen Halsrande gelegenen Muskeln der Kehlkopf nach unten fixirt, der Schlundkopf gehoben und geöffnet, worauf sich der Letztere mit Luft füllt, welche theils nach vorn entweicht, theils abgeschluckt wird, wobei ein oder zwei Koppertöne, eigenthümliche, dem Rülpsen ähnliche Geräusche erzeugt werden. Je nach der Fertigkeit wird viel oder wenig Luft verschluckt; in ersterem Falle können die Pferde am Hinterleibe aufgetrieben und voll erscheinen. Manche Pferde koppen nur zu einzelnen Zeiten, einige nur beim Fressen, andere nach demselben, andere nur beim Müßigstehen im Stalle vor leerem Barren und leerer Raufe. Vielfach koppen Pferde ganz leidenschaftlich zu jeder Zeit, bei jeder Gelegenheit und besitzen eine große Virtuosität in dieser Untugend. Gewisse Pferde koppen nur, wenn sie das Kummet tragen, andere unterlassen das Koppen, sobald sie sich beobachtet sehen. Bei Erkrankungen hört das Koppen auf.

Die Erkenntniß dieser Untugend, welche gewöhnlich aus Langeweile oder Nachahmung hervorgeht, läßt sich nur aus dem Wahrnehmen des Koppens selbst mit Sicherheit stellen; denn Abreibungen der Schneidezähne kommen nur bei Krippensetzern, nicht aber bei Krippenbeißern und Luftkoppern vor und sind auch dort nicht verlässig. Das Koppen kann auch künstlich auf verschiedene Weise unterdrückt werden. Es beeinträchtigt die Verdauung und die Ernährung des Pferdes und veranlaßt die im Stalle befindlichen jungen Pferde zur Nachahmung.

II. bei **Rindvieh:**

1) **Tuberkulöse Erkrankung,** sofern in Folge dieser Erkrankung eine allgemeine Beeinträchtigung des Nährzustandes des Thieres herbeigeführt

ist. Die Tuberkulose ist eine langwierige Infektionskrankheit, welche sich durch Ausbildung von **Tuberkeln in den Lungen, auf dem Brust- und Bauchfelle,** in den dazu gehörigen **Lymphdrüsen** und in anderen Organen **kennzeichnet.** In der Hälfte aller Fälle sind die Lungen und das Brust- und Bauchfell gleichzeitig tuberkulös, in etwa einem Drittel die Lungen allein, in etwa einem Fünftel nur die serösen Häute (Brust und Bauchfell) allein.

Die Tuberkulose der Lungen giebt sich zu erkennen durch einen matten, kurzen, dumpfen, stoßweise erfolgenden, quälenden Husten, welcher gewöhnlich in der Frühe, nach dem Aufstehen, nach dem Tränken und nach der Bewegung am stärksten ist durch erschwerte und beschleunigte Athmung, krankhafte Geräusche in der Brusthöhle selten durch Nasenausfluß, durch Entleerung schleimig-eiteriger Massen beim Husten (Auswurf). Bei langer Dauer der Krankheit werden die Haare glanzlos und struppig, die Haut wird fest, derb und ist von der Unterhaut schwer abhebbar, es geht der Ernährungszustand zurück, der Appetit läßt allmählich nach und auch bei Kühen die Milchergiebigkeit. Hierzu gesellen sich Verdauungsstörungen.

Bei der **Tuberkulose des Brust- und Bauchfells** sind meist äußerliche Merkmale nicht vorhanden, zuweilen lassen sich in der Brusthöhle Reibungsgeräusche (Perlenreiben) wahrnehmen. Häufiger zeigen die Thiere auffallende Vermehrung des Geschlechtstriebes (Stiersucht), brüllen fortgesetzt und es nehmen die weiblichen Rinder nicht auf.

Der **Ernährungszustand** ist oft trotz ausgedehnter tuberkulöser Veränderungen lange Zeit noch ein recht guter, namentlich bei der Tuberkulose des Brust- und Bauchfells. Bei vorgeschrittener Tuberkulose setzen die Thiere auch bei guter Ernährung kein Fleisch an, verwerthen das Futter schlecht und **magern ab.** Es vergrößern sich die Lymphdrüsen, namentlich die äußerlich gelegenen bei der Lungentuberkulose. Durch die mikroskopische Untersuchung der Milch bei Eutertuberkulose und des Scheidenausflusses bei Tragsacktuberkulose, des Auswurfs läßt sich die Tuberkulose bakteriologisch nachweisen. — Bei der Tuberkulose des Brust- und Bauchfells treten die Erscheinungen der Stiersucht und die Neigung zum Verwerfen weiblicher Thiere mehr in den Vordergrund und der Nachweis der tuberkulösen Wucherungen des Bauchfells kann häufig mit der Hand vom Mastdarm aus oder äußerlich unter den falschen Rippen erbracht werden. — Diese Krankheiten kommen als Hauptmangel nur dann zur Geltung, wenn durch die eine allgemeine Beeinträchtigung des Nährzustandes des Thieres herbeigeführt ist. Eine durch große Milchergiebigkeit herbeigeführte Beeinträchtigung des Nährzustandes gehört nicht hierher.

2) Lungenseuche. Dieser Hauptmangel ist eine dem Rinde eigenthümliche, langsam verlaufende, ansteckende Entzündung der Lungen, welche sich durch folgende Merkmale zu erkennen gibt: anfangs trockener, später dumpfer, heißer und schmerzhafter Husten, beschleunigtes und angestrengtes Athmen, wechselnde Wärme und Kälte der Körperoberfläche, Verminderung der Freßlust und des Wiederkauens, sowie der Milchabsonderung bei Kühen; nach kürzerer oder längerer Zeit: beschleunigter Puls; trockenes Flotzmaul; Athmungsbeschwerde; vollständiges Darniederliegen der Freßlust und des Wiederkauens; schmerzhaftes Stöhnen beim Drucke auf die Brustwand; glanzloses, gesträubtes Haar. Die Thiere stehen mit vorgestrecktem Kopfe, aufgesperrten Nasenflügeln und auseinander gesetzten Vorderfüßen; sie legen sich garnicht oder nur auf kurze Zeit mit unterschlagenen und nach vorn gestreckten Füßen. In höherem Grade der Krankheit geschieht das Athmen stöhnend und

mit geöffnetem Maule; der Husten ist kraftlos und häufig, wobei bisweilen Schleim ausgeworfen wird. Die Rinder magern immer mehr ab, zeigen Durchfall, knirschen mit den Zähnen und gehen an Entkräftung oder Erstickung zu Grunde. Hochträchtige Kühe verwerfen gewöhnlich.

Werden die Thiere infolge der Krankheit geschlachtet oder verenden dieselben, so finden sich die unzweifelhaftesten Merkmale der Lungenseuche in der Brusthöhle. Meist ist nur eine Lunge erkrankt, sehr groß, hart und an den Rippen angeklebt, schwer, 15 kg und mehr wiegend. Zuweilen sind beide Lungen angegriffen. Beim Einschneiden in die kranke Lunge zeigt sie sich fest, speckartig und es sieht die Schnittfläche wie marmorirt aus. Außerdem enthält die Brusthöhle gewöhnlich noch gelbliches Wasser und käsige Massen, welche auf dem Lungen- und Rippenfelle aufgelagert sind. — Die Lungenseuche kann verwechselt werden mit der einfachen und der Fremdkörper-Lungenentzündung, mit der Tuberkulose 2c. — Das Fleisch lungenseuchekranker Thiere, welche frühzeitig geschlachtet werden, ist genießbar, darf jedoch erst nach dem Erkalten verwerthet werden.

III. bei Schafen:

Räude. Die Schafräude ist ansteckend, wird durch ein kleines, in der Regel mit bloßem Auge nicht erkennbares Thierchen, die Räudemilbe, veranlaßt und läßt sich bestimmt nur durch den Nachweis der Räudemilben feststellen. Schafe, welche mit der Räude behaftet sind, reiben sich an festen Gegenständen, kneipen mit den Zähnen, schlagen mit den Füßen und geben ein heftiges Juckgefühl zu erkennen. Sie bebbern beim Kratzen. Namentlich sind diese Erscheinungen an wärmeren Tagen wahrzunehmen, während sie an feuchten Tagen, bei Regenwetter mehr zurücktreten. An gewissen Stellen der Haut finden sich kleine Knötchen, Bläschen und Pusteln, welche sich mit einem gelblichen Schorfe und mit Krusten bedecken, mit welchen die gelockerte Wolle leicht abgehoben werden kann.

Im weiteren Verlaufe stehen an den erkrankten Stellen Wollflocken über das Bließ hervor und fallen aus, wodurch sich kahle Stellen und Lücken im Bließe bilden, an welchen die Haut verdickt, rissig und schrundig oder aufgedunsen und nässelnd ist. — Durch das lästige Juckgefühl sind die kranken Schafe in beständiger Unruhe. Die Krusten werden infolge der Verletzungen beim Reiben blutrünstig, die Kahlheit schreitet immer weiter, es tritt Abmagerung ein und die Schafe gehen an Wassersucht, Schwächezuständen oder Erschöpfung ein. — Das Fleisch räudekranker Schafe, welche noch nicht abgemagert sind oder nicht kurz vor der Schlachtung mit in das Fleisch übergehenden, gesundheitsschädlichen Mitteln gebadet wurden, ist genießbar.

IV. bei Schweinen:

1) **Rothlauf.** Die Krankheitszeichen des Rothlaufs sind folgende: Die Schweine fiebern plötzlich, sind nicht mehr munter, dabei appetitlos, verkriechen sich in die Streu oder stecken den Kopf in dieselbe, zeigen schwankenden Gang, große Mattigkeit und Schleimausfluß aus der Nase und den Augen. Der Koth ist anfangs hart, später weich oder flüssig. Schon am zweiten Tage treten die eigenthümlichen, rothen Flecken am Bauche, auf der inneren Fläche der Hinterschenkel, an den Ohren und am Halse auf, welche sich bald dunkler färben, graublau werden und sich mit Bläschen, Geschwüren und Schorfen bedecken. Nicht selten sind Flecken und Geschwüre gar nicht vorhanden. Es treten Krämpfe, Zähneknirschen, Lähmungen ein und es erfolgt der Tod unter den Erscheinungen der Lungenlähmung.

Die Krankheit dauert einige Stunden bis zu drei Tagen, bei chronischem Verlaufe acht bis zehn Tage. — Die Krankheit ist ansteckend und wird durch einen Pilz, den Stäbchenrothlaufbacillus, hervorgerufen. 50% bis 85% der erkrankten Schweine verenden.

2) **Schweineseuche** (einschließlich **Schweinepest**). Dieselbe hat in ihren Erscheinungen viel Aehnlichkeit mit dem Rothlauf der Schweine und besteht in einer ansteckenden Lungen-, Darm-Entzündung. Die Krankheitszeichen sind verschieden, je nachdem mehr die Lungen oder die Gedärme vorherrschend ergriffen sind. Hauptsächlich sind es folgende: Fieber, Appetitlosigkeit, Thränen der Augen, schwankender Gang, große Schwäche; öfter bestehen: schmerzhaftes, erschwertes und vermehrtes Athmen, Husten, röthlichbrauner, eiteriger und schaumiger Nasenausfluß, Durchfall, Ausschlag an verschiedenen Körperstellen, namentlich am Halse, am Kopfe und am Rücken, blaurothe Färbung der Ohren, rothe Flecken an verschiedenen Stellen des Körpers. — Die Krankheit verläuft entweder rasch mit einer Dauer von wenigen Stunden bis drei Tagen, oder langwierig und endet nach mehreren Wochen mit dem Tode.

Die Schweinepest geht mit nahezu gleichen Erscheinungen einher. Oefter stellen sich bei ihr Geschwüre an der Zunge, am Gaumen, sowie an der Backenschleimhaut ein. Der Tod bei dieser schlimmsten Schweinekrankheit erfolgt nach acht bis zehn Tagen. Bei der Sektion gefallener Schweine finden sich diphtheritische Geschwüre im Darmkanal, namentlich im Dickdarm, Anschwellung und Verkäsung der Gekrösdrüsen.

B) Für den Verkauf solcher Thiere, die alsbald geschlachtet werden sollen und bestimmt sind, als Nahrungsmittel für Menschen zu dienen **(Schlachtthiere)** gelten als Hauptmängel:

I. **bei Pferden, Eseln, Mauleseln und Maulthieren:**

Rotz (Wurm). (Vergleiche A. I, 1.) Die krankhaften Veränderungen des Rotzes finden sich auf der Schleimhaut der Nasenhöhlen, des Kehlkopfes und der Luftröhre in Form von Rotzknötchen oder Rotzgeschwüren, in den Lungen in Form von Rotzknötchen von Hirsekorngröße und von verschieden großen Rotzknoten verschiedenen Alters, auch von Rotzgewächsen und Rotzcavernen, auf der Haut in Form von verschieden großen Knoten und Geschwüren. — Die Rotzknoten in den Lungen können verkäst, verkalkt oder abgekapselt sein;

II. **bei Rindvieh:**

tuberkulöse Erkrankung, sofern in Folge dieser Erkrankung mehr als die Hälfte des Schlachtgewichts nicht oder nur unter Beschränkungen als Nahrungsmittel für Menschen geeignet ist. Die tuberkulöse Erkrankung betrifft in der Hauptsache die Lungen, das Brust- und Bauchfell und die Lymphdrüsen, auch die Leber, Milz, Nieren, Hoden, Eierstöcke, den Tragsack, den Darm, das Euter, Gehirn und Rückenmark. — In den Lungen finden sich stecknadelknopfgroße, gelbweiße, feste und wenig durchscheinende Knötchen (Tuberkel), welche beim Durchschneiden hervortreten, auch auf der Oberfläche der Lungen vorkommen. Dieselben verkäsen und verkalken mit der Zeit. Nicht selten bilden sich aus zahlreichen Knötchen verschieden große Knoten. Auch finden sich käsige Herde, Cavernen und Verödung des Lungengewebes in Folge von Schrumpfung vor.

Auf dem Brust- und Bauchfell werden sehr kleine, hellgraue Knötchen (Perlen) wahrgenommen, welche sich wieder durch Zusammenfließen zu größeren Knötchen und Knoten ausbilden. Die Perlknoten zeigen sich als zottige, warzenähnliche, maulbeerförmige, traubenartige, blumenkohlähnliche, breite oder gestielte Gebilde. — Die Bronchialdrüsen sind regelmäßig vergrößert, geschwellt und mit Tuberkeln besetzt, häufig auch die Mittelfelldrüsen; desgleichen öfter die verschiedenen anderen Lymphdrüsen des Körpers. — Bei Eutertuberkulose besteht Anfangs eine feste Anschwellung, später bilden sich Knoten im Euter, welche gleichfalls verkäsen und verkalken.

Findet sich bei der Schlachtung des Rindes die Tuberkulose lokalisirt — nur in einer Körperhöhle — und im ersten Stadium der Entwicklung, so werden die kranken Organe beseitigt und das Fleisch darf zum menschlichen Genusse verkauft werden.

Das Fleisch von Rindern, die an allgemeiner (generalisirter) — in mehreren Körperhöhlen — und vorgeschrittener Tuberkulose leiden und dabei gleichzeitig Abmagerung zeigen, dann solches Fleisch, welches selbst tuberkulöse Herde enthält (Lymphdrüsen), ist als gesundheitsschädlich zu erachten und vom menschlichen Genusse auszuschließen. — Dasselbe darf weder feilgeboten noch verkauft werden.

Je nach Ausbreitung, Stadium und Intensität der Krankheitserscheinungen und je nach dem allgemeinen Ernährungszustande des Rindes kann das Fleisch unter bestimmten Bedingungen und Beschränkungen dem Verkehre überlassen und zum menschlichen Genusse verkauft werden.

Ist sonach in Folge der Tuberkulose mehr als die Hälfte des Fleisches nicht oder nur unter Beschränkungen (z. B. auf der Freibank oder zum Hausgebrauche) als Nahrungsmittel für Menschen geeignet, so tritt die Währschaft in Geltung;

III. **bei Schafen:**

allgemeine Wassersucht. Als solche ist anzusehen der durch eine innere Erkrankung oder durch ungenügende Ernährung herbeigeführte wassersüchtige Zustand des Fleisches. — Die mit diesem Fehler behafteten Schlachtthiere sind blutarm. Das Blut ist von wässeriger Beschaffenheit, das Unterhautbindegewebe ist wässerig durchfeuchtet oder mit Wasser durchsetzt. Das Fleisch ist feucht, schlaff, blaß und sülzig. In der Brust- und Bauchhöhle, im Herzbeutel, in den Gehirnhöhlen oder zwischen den Gehirnhäuten und im Rückenmarkskanal findet sich öfter eine helle oder gelbliche Flüssigkeit vor;

IV. **bei Schweinen:**

1) tuberkulöse Erkrankung unter der in Nr. II bezeichneten Voraussetzung (vergleiche B II.)

Die tuberkulösen Veränderungen finden sich in den Lungen und auf dem Brust- und Bauchfelle, häufig auch im Darme (käsige Darmentzündung) geschlachteter Schweine vor; daneben bestehen auch Schwellung und Verkäsung der Bronchialdrüsen und bei allgemeiner Tuberkulose sind auch die Leber oder Milz, Nieren, Hoden, andere Lymphdrüsen, die Knochen, Gelenke und Muskeln 2c. ergriffen. — Bezüglich der Beurtheilung des Fleisches tuberkulöser Schweine gilt das bereits unter B II Erwähnte.

2) Trichinen. Dieselben sind kleine, fadenförmige Rundwürmer (Fadenwürmer), welche in Muskeltrichinen und Darmtrichinen unterschieden werden. Die ersteren stellen die Larvenform der Darmtrichinen vor und liegen in den Muskeln in ovalen oder runden Kapseln schlangenartig, bretzelförmig, spiralig oder ringartig aufgerollt. Sie kommen vorzugsweise in den Zwerchfellpfeilern, der Zunge, in den Kau-, Schläfen-, Augen-, Kehlkopfs-, Zwischenrippen-, Hals-, Rumpf- und Zwillingsmuskeln, auch im Fettgewebe, welches in der Nähe von Muskeln liegt, vor. Ein Gramm Fleisch kann

bis zu 1500 Stück Trichinen enthalten. — Die Trichinen können nur mit dem Mikroskop, jedoch schon bei zehnfacher Vergrößerung festgestellt werden. Die mikroskopische Untersuchung der Muskeln auf Trichinen giebt manchmal zu Verwechselungen mit anderen ähnlichen Gebilden, z. B. Concretionen, Miescher'schen Schläuchen, Pilzen, Finnen, Echinococcen zc. Veranlassung.

Die Schweine nehmen die Trichinen durch Verzehren von trichinösen Ratten und Mäusen, von Fleisch krepirter, trichinöser Schweine, namentlich in Wasenmeistereien, von Schlachtabfällen aus Schlachthäusern auf. — Krankheitserscheinungen in Folge von Trichinen sind bei Schweinen unmittelbar vor dem Schlachten noch nicht wahrgenommen worden.

Die Darmtrichinen halten sich in der Dünndarmschleimhaut der Schweine auf. Das Weibchen gebärt während einer Lebensdauer von vier bis sechs Wochen circa 1500 lebende Junge.

3) Finnen. Es sind Blasenwürmer, welche die Jugendform des menschlichen Einsiedler-Bandwurms vorstellen und hauptsächlich bei Treibschweinen oder solchen Schweinen vorkommen, welche in unreinen, in der Nähe von Aborten befindlichen Stallungen gehalten werden. Sehr viele stark finnige Schweine lassen während des Lebens überhaupt nichts Krankhaftes wahrnehmen, andere zeigen heiseres Grunzen, Mattigkeit und Traurigkeit, Abmagerung, Anschwellungen, Durchfall zc. Oefters können die Finnen an kleinen, dem Hirsekorn ähnlichen Knötchen unter der Zunge vermuthet, d. h. gesehen oder gefühlt werden.

Die Erkennung der Finnen bei geschlachteten Schweinen bietet keine Schwierigkeiten. Dieselben finden sich in der Zunge, im Herzen, in den Muskeln des Halses, der Flanken- und Beckengegend, des Oberschenkels, im Gehirn und Rückenmark, im

Auge, in der Leber, Milz, in den Lungen ꝛc., seltener im Speck vor. Im ausgewachsenen Zustande stellen sie erbsen- bis bohnengroße Bläschen von mattweißer Farbe und harter Konsistenz vor, besitzen einen Hals und einen Kopf, welch' letzterer meist nach innen eingestülpt ist, wodurch die Blase eine nierenförmige Gestalt erhält. Im abgestorbenen Zustande sind die Finnen verfettet oder verkalkt. In der Umgebung der Finnen ist das Fleisch anfangs normal, später wird es schmierig und wässerig. — Durch den Nachweis von Kopf, Hals und Cysticercenhülle der Finnen mittels des Mikroskops kann das Vorhandensein der Finnen im Zweifelsfalle sicher festgestellt werden.

Anlage II.

Verzeichniß der sämmtlichen für vorstehende Arbeit angezogenen Paragraphen des Bürgerlichen Gesetzbuches.

§. 99.

Früchte einer Sache sind die Erzeugnisse der Sache und die sonstige Ausbeute, welche aus der Sache ihrer Bestimmung gemäß gewonnen wird.

Früchte eines Rechtes sind die Erträge, welche das Recht seiner Bestimmung gemäß gewährt, insbesondere bei einem Rechte auf Gewinnung von Bodenbestandtheilen die gewonnenen Bestandtheile.

Früchte sind auch die Erträge, welche eine Sache oder ein Recht vermöge eines Rechtsverhältnisses gewährt.

§. 100.

Nutzungen sind die Früchte einer Sache oder eines Rechtes sowie die Vortheile, welche der Gebrauch der Sache oder des Rechtes gewährt.

§. 123.

Wer zur Abgabe einer Willenserklärung durch arglistige Täuschung oder widerrechtlich durch Drohung bestimmt worden ist, kann die Erklärung anfechten.

Hat ein Dritter die Täuschung verübt, so ist eine Erklärung, die einem Anderen gegenüber abzugeben war, nur dann anfechtbar, wenn dieser die Täuschung kannte oder kennen mußte. Soweit ein Anderer als derjenige, welchem gegenüber die Erklärung abzugeben war, aus der Erklärung unmittelbar ein Recht erworben hat, ist die Erklärung ihm gegenüber anfechtbar, wenn er die Täuschung kannte oder kennen mußte.

§. 130.

Eine Willenserklärung, die einem Anderen gegenüber abzugeben ist, wird, wenn sie in dessen Abwesenheit abgegeben wird, in dem Zeitpunkte wirksam, in welchem sie ihm zugeht. Sie wird nicht wirksam, wenn dem Anderen vorher oder gleichzeitig ein Widerruf zugeht.

Auf die Wirksamkeit der Willenserklärung ist es ohne Einfluß, wenn der Erklärende nach der Abgabe stirbt oder geschäftsunfähig wird.

Diese Vorschriften finden auch dann Anwendung, wenn die Willenserklärung einer Behörde gegenüber abzugeben ist.

§. 131.

Wird die Willenserklärung einem Geschäftsunfähigen gegenüber abgegeben, so wird sie nicht wirksam, bevor sie dem gesetzlichen Vertreter zugeht.

Das Gleiche gilt, wenn die Willenserklärung einer in der Geschäftsfähigkeit beschränkten Person gegenüber abgegeben wird. Bringt die Erklärung jedoch der in der Geschäftsfähigkeit beschränkten Person lediglich einen rechtlichen Vortheil oder hat der gesetzliche Vertreter seine Einwilligung ertheilt, so wird die Erklärung in dem Zeitpunkte wirksam, in welchem sie ihr zugeht.

§. 132.

Eine Willenserklärung gilt auch dann als zugegangen, wenn sie durch Vermittelung eines Gerichtsvollziehers zugestellt worden ist. Die Zustellung erfolgt nach den Vorschriften der Civilprozeßordnung.

Befindet sich der Erklärende über die Person desjenigen, welchem gegenüber die Erklärung abzugeben ist, in einer nicht auf Fahrlässigkeit beruhenden Unkenntniß oder ist der Aufenthalt dieser Person unbekannt, so kann die Zustellung nach den für die öffentliche Zustellung einer Ladung geltenden Vorschriften der Civilprozeßordnung erfolgen. Zuständig für die Bewilligung ist im ersteren Falle das Amtsgericht, in dessen Bezirke der Erklärende seinen Wohnsitz oder in Ermangelung eines inländischen Wohnsitzes seinen Aufenthalt hat, im letzteren Falle das Amtsgericht, in dessen Bezirke die Person, welcher zuzustellen ist, den letzten Wohnsitz oder in Ermangelung eines inländischen Wohnsitzes den letzten Aufenthalt hatte.

§. 138.

Ein Rechtsgeschäft, das gegen die guten Sitten verstößt, ist nichtig.

Nichtig ist insbesondere ein Rechtsgeschäft, durch das Jemand unter Ausbeutung der Nothlage, des Leichtsinns oder der Unerfahrenheit eines Anderen sich oder einem Dritten für eine Leistung Vermögensvortheile versprechen oder gewähren läßt, welche den Werth der Leistung dergestalt übersteigen, daß den Umständen nach die Vermögensvortheile in auffälligem Mißverhältnisse zu der Leistung stehen.

§. 145.

Wer einem Anderen die Schließung eines Vertrags anträgt, ist an den Antrag gebunden, es sei denn, daß er die Gebundenheit ausgeschlossen hat.

§. 146.

Der Antrag erlischt, wenn er dem Antragenden gegenüber abgelehnt oder wenn er nicht diesem gegenüber nach den §§. 147 bis 149 rechtzeitig angenommen wird.

§. 147.

Der einem Anwesenden gemachte Antrag kann nur sofort angenommen werden. Dies gilt auch von einem mittelst Fernsprechers von Person zu Person gemachten Antrage.

Der einem Abwesenden gemachte Antrag kann nur bis zu dem Zeitpunkt angenommen werden, in welchem der Antragende den Eingang der Antwort unter regelmäßigen Umständen erwarten darf.

§. 148.

Hat der Antragende für die Annahme des Antrags eine Frist bestimmt, so kann die Annahme nur innerhalb der Frist erfolgen.

§. 149.

Ist eine dem Antragenden verspätet zugegangene Annahmeerklärung dergestalt abgesendet worden, daß sie bei regelmäßiger Beförderung ihm rechtzeitig zugegangen sein würde, und mußte der Antragende dies erkennen, so hat er die Verspätung dem Annehmenden unverzüglich nach dem Empfange der Erklärung anzuzeigen, sofern es nicht schon vorher geschehen ist. Verzögert er die Absendung der Anzeige, so gilt die Annahme als nicht verspätet.

§. 150.

Die verspätete Annahme eines Antrages gilt als neuer Antrag.

Eine Annahme unter Erweiterungen, Einschränkungen oder sonstigen Aenderungen gilt als Ablehnung verbunden mit einem neuen Antrage.

§. 151.

Der Vertrag kommt durch die Annahme des Antrags zu Stande, ohne daß die Annahme dem Antragenden gegenüber erklärt zu werden braucht, wenn eine solche Erklärung nach der Verkehrssitte nicht zu erwarten ist oder der Antragende auf sie verzichtet hat. Der Zeitpunkt, in welchem der Antrag erlischt, bestimmt sich nach dem aus dem Antrag oder den Umständen zu entnehmenden Willen des Antragenden.

§. 156.

Bei einer Versteigerung kommt der Vertrag erst durch den Zuschlag zu Stande. Ein Gebot erlischt, wenn ein Uebergebot abgegeben oder die Versteigerung ohne Ertheilung des Zuschlags geschlossen wird.

§. 158.

Wird ein Rechtsgeschäft unter einer aufschiebenden Bedingung vorgenommen, so tritt die von der Bedingung abhängig gemachte Wirkung mit dem Eintritte der Bedingung ein.

Wird ein Rechtsgeschäft unter einer auflösenden Bedingung vorgenommen, so endigt mit dem Eintritte der Bedingung die Wirkung des Rechtsgeschäfts; mit diesem Zeitpunkte tritt der frühere Rechtszustand wieder ein.

§. 160.

Wer unter einer aufschiebenden Bedingung berechtigt ist, kann im Falle des Eintritts der Bedingung Schadensersatz von dem anderen Theile verlangen, wenn dieser während der Schwebezeit das von der Bedingung abhängige Recht durch sein Verschulden vereitelt oder beeinträchtigt.

Den gleichen Anspruch hat unter denselben Voraussetzungen bei einem unter einer auflösenden Bedingung vorgenommenen Rechtsgeschäfte derjenige, zu dessen Gunsten der frühere Rechtszustand wiedereintritt.

§. 186.

Für die in Gesetzen, gerichtlichen Verfügungen und Rechtsgeschäften enthaltenen Frist- und Terminsbestimmungen gelten die Auslegungsvorschriften der §§. 187 bis 193.

§. 187.

Ist für den Anfang einer Frist ein Ereigniß oder ein in den Lauf eines Tages fallender Zeitpunkt maßgebend, so wird bei der Berechnung der Frist der Tag nicht mitgerechnet, in welchen das Ereigniß oder der Zeitpunkt fällt.

Ist der Beginn eines Tages der für den Anfang einer Frist maßgebende Zeitpunkt, so wird dieser Tag bei der Berechnung der Frist mitgerechnet. Das Gleiche gilt von dem Tage der Geburt bei der Berechnung des Lebensalters.

§. 188.

Eine nach Tagen bestimmte Frist endigt mit dem Ablaufe des letzten Tages der Frist.

Eine Frist, die nach Wochen, nach Monaten oder nach einem mehrere Monate umfassenden Zeitraume — Jahr, halbes Jahr, Vierteljahr — bestimmt ist, endigt im Falle des §. 187 Abs. 1 mit dem Ablaufe desjenigen Tages der letzten Woche oder des letzten Monats, welcher durch seine Benennung oder seine Zahl dem Tage entspricht, in den das Ereigniß oder der Zeitpunkt fällt, im Falle des §. 187 Abs. 2 mit dem Ablaufe desjenigen Tages der letzten Woche oder des letzten Monats, welcher dem Tage vorhergeht, der durch seine Benennung oder seine Zahl dem Anfangstage der Frist entspricht.

Fehlt bei einer nach Monaten bestimmten Frist in dem letzten Monate der für ihren Ablauf maßgebende Tag, so endigt die Frist mit dem Ablaufe des letzten Tages dieses Monats.

§. 189.

Unter einem halben Jahre wird eine Frist von sechs Monaten, unter einem Vierteljahre eine Frist von drei Monaten, unter einem halben Monat eine Frist von fünfzehn Tagen verstanden.

Ist eine Frist auf einen oder mehrere ganze Monate und einen halben Monat gestellt, so sind die fünfzehn Tage zuletzt zu zählen.

§. 190.

Im Falle der Verlängerung einer Frist wird die neue Frist von dem Ablaufe der vorigen Frist an berechnet.

§. 193.

Ist an einem bestimmten Tage oder innerhalb einer Frist eine Willenserklärung abzugeben oder eine Leistung zu bewirken und fällt der bestimmte Tag oder der letzte Tag der Frist auf einen Sonntag oder einen am Erklärungs- oder Leistungsorte staatlich anerkannten allgemeinen Feiertag, so tritt an die Stelle des Sonntags oder des Feiertags der nächstfolgende Werktag.

§. 194.

Das Recht, von einem Anderen ein Thun oder ein Unterlassen zu verlangen (Anspruch), unterliegt der Verjährung.

Der Anspruch aus einem familienrechtlichen Verhältniß unterliegt der Verjährung nicht, soweit er auf die Herstellung des dem Verhältniß entsprechenden Zustandes für die Zukunft gerichtet ist.

§. 195.

Die regelmäßige Verjährungsfrist beträgt dreißig Jahre.

§. 202.

Die Verjährung ist gehemmt, solange die Leistung gestundet oder der Verpflichtete aus einem anderen Grunde vorübergehend zur Verweigerung der Leistung berechtigt ist.

Diese Vorschrift findet keine Anwendung auf die Einrede des Zurückbehaltungsrechts, des nicht erfüllten Vertrags, der mangelnden Sicherheitsleistung, der Vorausklage sowie auf die nach §. 770 dem Bürgen und nach den §§. 2014, 2015 dem Erben zustehenden Einreden.

§. 203.

Die Verjährung ist gehemmt, solange der Berechtigte durch Stillstand der Rechtspflege innerhalb der letzten sechs Monate der Verjährungsfrist an der Rechtsverfolgung verhindert ist.

Das Gleiche gilt, wenn eine solche Verhinderung in anderer Weise durch höhere Gewalt herbeigeführt wird.

§. 204.

Die Verjährung von Ansprüchen zwischen Ehegatten ist gehemmt, solange die Ehe besteht. Das Gleiche gilt von Ansprüchen zwischen Eltern und Kindern während der Minderjährigkeit der Kinder und von Ansprüchen zwischen dem Vormund und dem Mündel während der Dauer des Vormundschaftsverhältnisses.

§. 205.

Der Zeitraum, während dessen die Verjährung gehemmt ist, wird in die Verjährungsfrist nicht eingerechnet.

§. 206.

Ist eine geschäftsunfähige oder in der Geschäftsfähigkeit beschränkte Person ohne gesetzlichen Vertreter, so wird die gegen sie laufende Verjährung nicht vor dem Ablaufe von sechs Monaten nach dem Zeitpunkte vollendet, in welchem die Person unbeschränkt geschäftsfähig wird oder der Mangel der Vertretung aufhört. Ist die Verjährungsfrist kürzer als sechs Monate, so tritt der für die Verjährung bestimmte Zeitraum an die Stelle der sechs Monate.

Diese Vorschriften finden keine Anwendung, soweit eine in der Geschäftsfähigkeit beschränkte Person prozeßfähig ist.

§. 207.

Die Verjährung eines Anspruchs, der zu einem Nachlasse gehört oder sich gegen einen Nachlaß richtet, wird nicht vor dem Ablaufe von sechs Monaten nach dem Zeitpunkte vollendet, in welchem die Erbschaft von dem Erben angenommen oder der Konkurs über den Nachlaß eröffnet wird oder von welchem an der Anspruch von einem Vertreter oder gegen einen Vertreter geltend gemacht werden kann. Ist die Verjährungsfrist kürzer als sechs Monate, so tritt der für die Verjährung bestimmte Zeitraum an die Stelle der sechs Monate.

§. 208.

Die Verjährung wird unterbrochen, wenn der Verpflichtete dem Berechtigten gegenüber den Anspruch durch Abschlagzahlung, Zinszahlung, Sicherheitsleistung oder in anderer Weise anerkennt.

§. 209.

Die Verjährung wird unterbrochen, wenn der Berechtigte auf Befriedigung oder auf Feststellung des Anspruchs, auf Ertheilung der Vollstreckungsklausel oder auf Erlassung des Vollstreckungsurtheils Klage erhebt.

Der Erhebung der Klage stehen gleich:

1. die Zustellung eines Zahlungsbefehls im Mahnverfahren;
2. die Anmeldung des Anspruchs im Konkurse;
3. die Geltendmachung der Aufrechnung des Anspruchs im Prozesse;

4. die Streitverkündung in dem Prozesse, von dessen Ausgange der Anspruch abhängt;
5. die Vornahme einer Vollstreckungshandlung und, soweit die Zwangsvollstreckung den Gerichten oder anderen Behörden zugewiesen ist, die Stellung des Antrags auf Zwangsvollstreckung.

§. 210.

Hängt die Zulässigkeit des Rechtswegs von der Vorentscheidung einer Behörde ab oder hat die Bestimmung des zuständigen Gerichts durch ein höheres Gericht zu erfolgen, so wird die Verjährung durch die Einreichung des Gesuchs an die Behörde oder das höhere Gericht in gleicher Weise wie durch Klagerhebung unterbrochen, wenn die Klage binnen drei Monaten nach der Erledigung des Gesuchs erhoben wird. Auf diese Frist finden die Vorschriften der §§. 203, 206, 207 entsprechende Anwendung.

§. 211.

Die Unterbrechung durch Klagerhebung dauert fort, bis der Prozeß rechtskräftig entschieden oder anderweit erledigt ist.

Geräth der Prozeß in Folge einer Vereinbarung oder dadurch, daß er nicht betrieben wird, in Stillstand, so endigt die Unterbrechung mit der letzten Prozeßhandlung der Parteien oder des Gerichts. Die nach der Beendigung der Unterbrechung beginnende neue Verjährung wird dadurch, daß eine der Parteien den

Prozeß weiter betreibt, in gleicher Weise wie durch Klagerhebung unterbrochen.

§. 212.

Die Unterbrechung durch Klagerhebung gilt als nicht erfolgt, wenn die Klage zurückgenommen oder durch ein nicht in der Sache selbst entscheidendes Urtheil rechtskräftig abgewiesen wird.

Erhebt der Berechtigte binnen sechs Monaten von neuem Klage, so gilt die Verjährung als durch die Erhebung der ersten Klage unterbrochen. Auf diese Frist finden die Vorschriften der §§. 203, 206, 207 entsprechende Anwendung.

§. 213.

Die Unterbrechung durch Zustellung eines Zahlungsbefehls im Mahnverfahren gilt als nicht erfolgt, wenn die Wirkungen der Rechtshängigkeit erlöschen.

§. 214.

Die Unterbrechung durch Anmeldung im Konkurse dauert fort, bis der Konkurs beendigt ist.

Die Unterbrechung gilt als nicht erfolgt, wenn die Anmeldung zurückgenommen wird.

Wird bei der Beendigung des Konkurses für eine Forderung, die in Folge eines bei der Prüfung erhobenen Widerspruchs in Prozeß befangen ist, ein Betrag zurückbehalten, so dauert die Unterbrechung auch nach der Beendigung des Konkurses fort; das Ende der

Unterbrechung bestimmt sich nach den Vorschriften des §. 211.

§. 215.

Die Unterbrechung durch Geltendmachung der Aufrechnung im Prozeß oder durch Streitverkündung dauert fort, bis der Prozeß rechtskräftig entschieden oder anderweit erledigt ist; die Vorschriften des §. 211 Abs. 2 finden Anwendung.

Die Unterbrechung gilt als nicht erfolgt, wenn nicht binnen sechs Monaten nach der Beendigung des Prozesses Klage auf Befriedigung oder Feststellung des Anspruchs erhoben wird. Auf diese Frist finden die Vorschriften der §§. 203, 206, 207 entsprechende Anwendung.

§. 217.

Wird die Verjährung unterbrochen, so kommt die bis zur Unterbrechung verstrichene Zeit nicht in Betracht; eine neue Verjährung kann erst nach der Beendigung der Unterbrechung beginnen.

§. 218.

Ein rechtskräftig festgestellter Anspruch verjährt in dreißig Jahren, auch wenn er an sich einer kürzeren Verjährung unterliegt. Das Gleiche gilt von dem Anspruch aus einem vollstreckbaren Vergleich oder einer vollstreckbaren Urkunde sowie von einem Anspruche, welcher durch die im Konkurs erfolgte Feststellung vollstreckbar geworden ist.

Soweit sich die Feststellung auf regelmäßig wiederkehrende, erst künftig fällig werdende Leistungen bezieht, bewendet es bei der kürzeren Verjährungsfrist.

§. 222.

Nach der Vollendung der Verjährung ist der Verpflichtete berechtigt, die Leistung zu verweigern.

Das zur Befriedigung eines verjährten Anspruchs Geleistete kann nicht zurückgefordert werden, auch wenn die Leistung in Unkenntniß der Verjährung bewirkt worden ist. Das Gleiche gilt von einem vertragsmäßigen Anerkenntnisse sowie einer Sicherheitsleistung des Verpflichteten.

§. 242.

Der Schuldner ist verpflichtet, die Leistung so zu bewirken, wie Treu und Glauben mit Rücksicht auf die Verkehrssitte es erfordern.

§. 243.

Wer eine nur der Gattung nach bestimmte Sache schuldet, hat eine Sache von mittlerer Art und Güte zu leisten.

Hat der Schuldner das zur Leistung einer solchen Sache seinerseits Erforderliche gethan, so beschränkt sich das Schuldverhältniß auf diese Sache.

§. 246.

Ist eine Schuld nach Gesetz oder Rechtsgeschäft zu verzinsen, so sind vier vom Hundert für das Jahr zu entrichten, sofern nicht ein Anderes bestimmt ist.

§. 249.

Wer zum Schadensersatze verpflichtet ist, hat den Zustand herzustellen, der bestehen würde, wenn der zum Ersatze verpflichtende Umstand nicht eingetreten wäre. Ist wegen Verletzung einer Person oder wegen Beschädigung einer Sache Schadensersatz zu leisten, so kann der Gläubiger statt der Herstellung den dazu erforderlichen Geldbetrag verlangen.

§. 250.

Der Gläubiger kann dem Ersatzpflichtigen zur Herstellung eine angemessene Frist mit der Erklärung bestimmen, daß er die Herstellung nach dem Ablaufe der Frist ablehne. Nach dem Ablaufe der Frist kann der Gläubiger den Ersatz in Geld verlangen, wenn nicht die Herstellung rechtzeitig erfolgt; der Anspruch auf die Herstellung ist ausgeschlossen.

§. 251.

Soweit die Herstellung nicht möglich oder zur Entschädigung des Gläubigers nicht genügend ist, hat der Ersatzpflichtige den Gläubiger in Geld zu entschädigen.

Der Ersatzpflichtige kann den Gläubiger in Geld entschädigen, wenn die Herstellung nur mit unverhältnißmäßigen Aufwendungen möglich ist.

§. 252.

Der zu ersetzende Schaden umfaßt auch den entgangenen Gewinn. Als entgangen gilt der Gewinn, welcher nach dem gewöhnlichen Laufe der Dinge oder nach den besonderen Umständen, insbesondere nach den getroffenen Anstalten und Vorkehrungen, mit Wahrscheinlichkeit erwartet werden konnte.

§. 267.

Hat der Schuldner nicht in Person zu leisten, so kann auch ein Dritter die Leistung bewirken. Die Einwilligung des Schuldners ist nicht erforderlich.

Der Gläubiger kann die Leistung ablehnen, wenn der Schuldner widerspricht.

§. 269.

Ist ein Ort für die Leistung weder bestimmt noch aus den Umständen, insbesondere aus der Natur des Schuldverhältnisses, zu entnehmen, so hat die Leistung an dem Orte zu erfolgen, an welchem der Schuldner zur Zeit der Entstehung des Schuldverhältnisses seinen Wohnsitz hatte.

Ist die Verbindlichkeit im Gewerbebetriebe des Schuldners entstanden, so tritt, wenn der Schuldner seine gewerbliche Niederlassung an einem anderen Orte hatte, der Ort der Niederlassung an die Stelle des Wohnsitzes.

Aus dem Umstand allein, daß der Schuldner die Kosten der Versendung übernommen hat, ist nicht zu entnehmen, daß der Ort, nach welchem die Versendung zu erfolgen hat, der Leistungsort sein soll.

§. 270.

Geld hat der Schuldner im Zweifel auf seine Gefahr und seine Kosten dem Gläubiger an dessen Wohnsitz zu übermitteln.

Ist die Forderung im Gewerbebetriebe des Gläubigers entstanden, so tritt, wenn der Gläubiger seine gewerbliche Niederlassung an einem anderen Orte hat, der Ort der Niederlassung an die Stelle des Wohnsitzes.

Erhöhen sich in Folge einer nach der Entstehung des Schuldverhältnisses eintretenden Aenderung des Wohnsitzes oder der gewerblichen Niederlassung des Gläubigers die Kosten oder die Gefahr der Uebermittelung, so hat der Gläubiger im ersteren Falle die Mehrkosten, im letzteren Falle die Gefahr zu tragen.

Die Vorschriften über den Leistungsort bleiben unberührt.

§. 271.

Ist eine Zeit für die Leistung weder bestimmt noch aus den Umständen zu entnehmen, so kann der Gläubiger die Leistung sofort verlangen, der Schuldner sie sofort bewirken.

Ist eine Zeit bestimmt, so ist im Zweifel anzunehmen, daß der Gläubiger die Leistung nicht vor dieser Zeit verlangen, der Schuldner aber sie vorher bewirken kann.

§. 274.

Gegenüber der Klage des Gläubigers hat die Geltendmachung des Zurückbehaltungsrechts nur die Wirkung, daß der Schuldner zur Leistung gegen Empfang der ihm gebührenden Leistung (Erfüllung Zug um Zug) zu verurtheilen ist.

Auf Grund einer solchen Verurtheilung kann der Gläubiger seinen Anspruch ohne Bewirkung der ihm obliegenden Leistung im Wege der Zwangsvollstreckung verfolgen, wenn der Schuldner im Verzuge der Annahme ist.

§. 275.

Der Schuldner wird von der Verpflichtung zur Leistung frei, soweit die Leistung in Folge eines nach der Entstehung des Schuldverhältnisses eintretenden Umstandes, den er nicht zu vertreten hat, unmöglich wird.

Einer nach der Entstehung des Schuldverhältnisses eintretenden Unmöglichkeit steht das nachträglich eintretende Unvermögen des Schuldners zur Leistung gleich.

§. 276.

Der Schuldner hat, sofern nicht ein Anderes bestimmt ist, Vorsatz und Fahrlässigkeit zu vertreten. Fahrlässig handelt, wer die im Verkehr erforderliche Sorgfalt außer Acht läßt. Die Vorschriften der §§. 827, 828 finden Anwendung.

Die Haftung wegen Vorsatzes kann dem Schuldner nicht im voraus erlassen werden.

§. 277.

Wer nur für diejenige Sorgfalt einzustehen hat, welche er in eigenen Angelegenheiten anzuwenden pflegt, ist von der Haftung wegen grober Fahrlässigkeit nicht befreit.

§. 278.

Der Schuldner hat ein Verschulden seines gesetzlichen Vertreters und der Personen, deren er sich zur Erfüllung seiner Verbindlichkeit bedient, in gleichem Umfange zu vertreten wie eigenes Verschulden. Die Vorschrift des §. 276 Abs. 2 findet keine Anwendung.

§. 281.

Erlangt der Schuldner in Folge des Umstandes, welcher die Leistung unmöglich macht, für den geschuldeten Gegenstand einen Ersatz oder einen Ersatzanspruch, so kann der Gläubiger Herausgabe des als Ersatz Empfangenen oder Abtretung des Ersatzanspruchs verlangen.

Hat der Gläubiger Anspruch auf Schadensersatz wegen Nichterfüllung, so mindert sich, wenn er von dem im Abs. 1 bestimmten Rechte Gebrauch macht, die ihm zu leistende Entschädigung um den Werth des erlangten Ersatzes oder Ersatzanspruchs.

§. 284.

Leistet der Schuldner auf eine Mahnung des Gläubigers nicht, die nach dem Eintritte der Fälligkeit erfolgt, so kommt er durch die Mahnung in Verzug. Der Mahnung steht die Erhebung der Klage auf die Leistung sowie die Zustellung eines Zahlungsbefehls im Mahnverfahren gleich.

Ist für die Leistung eine Zeit nach dem Kalender bestimmt, so kommt der Schuldner ohne Mahnung in Verzug, wenn er nicht zu der bestimmten Zeit leistet. Das Gleiche gilt, wenn der Leistung eine Kündigung vorauszugehen hat und die Zeit für die Leistung in der Weise bestimmt ist, daß sie sich von der Kündigung ab nach dem Kalender berechnen läßt.

§. 286.

Der Schuldner hat dem Gläubiger den durch den Verzug entstehenden Schaden zu ersetzen.

Hat die Leistung in Folge des Verzugs für den Gläubiger kein Interesse, so kann dieser unter Ablehnung der Leistung Schadensersatz wegen Nichterfüllung verlangen. Die für das vertragsmäßige Rücktrittsrecht geltenden Vorschriften der §§. 346 bis 356 finden entsprechende Anwendung.

§. 287.

Der Schuldner hat während des Verzugs jede Fahrlässigkeit zu vertreten. Er ist auch für die während des Verzugs durch Zufall eintretende Unmöglichkeit der Leistung verantwortlich, es sei denn, daß der Schaden auch bei rechtzeitiger Leistung eingetreten sein würde.

§. 288.

Eine Geldschuld ist während des Verzugs mit vier vom Hundert für das Jahr zu verzinsen. Kann der Gläubiger aus einem anderen Rechtsgrunde höhere Zinsen verlangen, so sind diese fortzuentrichten.

Die Geltendmachung eines weiteren Schadens ist nicht ausgeschlossen.

§. 293.

Der Gläubiger kommt in Verzug, wenn er die ihm angebotene Leistung nicht annimmt.

§. 294.

Die Leistung muß dem Gläubiger so, wie sie zu bewirken ist, thatsächlich angeboten werden.

§. 295.

Ein wörtliches Angebot des Schuldners genügt, wenn der Gläubiger ihm erklärt hat, daß er die Leistung nicht annehmen werde, oder wenn zur Bewirkung der Leistung eine Handlung des Gläubigers erforderlich ist, insbesondere wenn der Gläubiger die geschuldete Sache abzuholen hat. Dem Angebote der Leistung steht die Aufforderung an den Gläubiger gleich, die erforderliche Handlung vorzunehmen.

§. 296.

Ist für die von dem Gläubiger vorzunehmende Handlung eine Zeit nach dem Kalender bestimmt, so bedarf es des Angebots nur, wenn der Gläubiger die Handlung rechtzeitig vornimmt. Das Gleiche gilt, wenn der Handlung eine Kündigung vorauszugehen hat und die Zeit für die Handlung in der Weise bestimmt ist, daß sie sich von der Kündigung ab nach dem Kalender berechnen läßt.

§. 297.

Der Gläubiger kommt nicht in Verzug, wenn der Schuldner zur Zeit des Angebots oder im Falle des §. 296 zu der für die Handlung des Gläubigers bestimmten Zeit außer Stande ist, die Leistung zu bewirken.

§. 298.

Ist der Schuldner nur gegen eine Leistung des Gläubigers zu leisten verpflichtet, so kommt der Gläubiger in Verzug, wenn er zwar die angebotene Leistung anzunehmen bereit ist, die verlangte Gegenleistung aber nicht anbietet.

§. 299.

Ist die Leistungszeit nicht bestimmt oder ist der Schuldner berechtigt, vor der bestimmten Zeit zu leisten, so kommt der Gläubiger nicht dadurch in Verzug, daß er vorübergehend an der Annahme der angebotenen Leistung verhindert ist, es sei denn, daß der Schuldner ihm die Leistung eine angemessene Zeit vorher angekündigt hat.

§. 300.

Der Schuldner hat während des Verzugs des Gläubigers nur Vorsatz und grobe Fahrlässigkeit zu vertreten.

Wird eine nur der Gattung nach bestimmte Sache geschuldet, so geht die Gefahr mit dem Zeitpunkt auf den Gläubiger über, in welchem er dadurch in Verzug kommt, daß er die angebotene Sache nicht annimmt.

§. 320.

Wer aus einem gegenseitigen Vertrage verpflichtet ist, kann die ihm obliegende Leistung bis zur Bewirkung der Gegenleistung verweigern, es sei denn, daß er vorzuleisten verpflichtet ist. Hat die Leistung an Mehrere zu erfolgen, so kann dem Einzelnen der ihm gebührende Theil bis zur Bewirkung der ganzen Gegenleistung verweigert werden. Die Vorschrift des §. 273 Abs. 3 findet keine Anwendung.

Ist von der einen Seite theilweise geleistet worden, so kann die Gegenleistung insoweit nicht verweigert werden, als die Verweigerung nach den Umständen, insbesondere wegen verhältnißmäßiger Geringfügigkeit des rückständigen Theiles, gegen Treu und Glauben verstoßen würde.

§. 322.

Erhebt aus einem gegenseitigen Vertrage der eine Theil Klage auf die ihm geschuldete Leistung, so hat die Geltendmachung des dem anderen Theile zustehenden Rechtes, die Leistung bis zur Bewirkung der Gegenleistung zu verweigern, nur die Wirkung, daß der andere Theil zur Erfüllung Zug um Zug zu verurtheilen ist.

Hat der klagende Theil vorzuleisten, so kann er, wenn der andere Theil im Verzuge der Annahme ist, auf Leistung nach Empfang der Gegenleistung klagen.

Auf die Zwangsvollstreckung findet die Vorschrift des §. 274 Abs. 2 Anwendung.

§. 346.

Hat sich in einem Vertrag ein Theil den Rücktritt vorbehalten, so sind die Parteien, wenn der Rücktritt erfolgt, verpflichtet, einander die empfangenen Leistungen zurückzugewähren. Für geleistete Dienste sowie für die Ueberlassung der Benutzung einer Sache ist der Werth zu vergüten oder, falls in dem Vertrag eine Gegenleistung in Geld bestimmt ist, diese zu entrichten.

§. 347.

Der Anspruch auf Schadensersatz wegen Verschlechterung, Unterganges oder einer aus einem anderen Grunde eintretenden Unmöglichkeit der Herausgabe bestimmt sich im Falle des Rücktritts von dem Empfange der Leistung an nach den Vorschriften, welche für das Verhältniß zwischen dem Eigenthümer und dem Besitzer von dem Eintritte der Rechtshängigkeit des Eigenthumsanspruchs an gelten. Das Gleiche gilt von dem Anspruch auf Herausgabe oder Vergütung von Nutzungen und von dem Anspruch auf Ersatz von Verwendungen. Eine Geldsumme ist von der Zeit des Empfanges an zu verzinsen.

§. 348.

Die sich aus dem Rücktritt ergebenden Verpflichtungen der Parteien sind Zug um Zug zu erfüllen. Die Vorschriften der §§. 320, 322 finden entsprechende Anwendung.

§. 349.

Der Rücktritt erfolgt durch Erklärung gegenüber dem anderen Theile.

§. 350.

Der Rücktritt wird nicht dadurch ausgeschlossen, daß der Gegenstand, welchen der Berechtigte empfangen hat, durch Zufall untergegangen ist.

§. 351.

Der Rücktritt ist ausgeschlossen, wenn der Berechtigte eine wesentliche Verschlechterung, den Untergang oder die anderweitige Unmöglichkeit der Herausgabe des empfangenen Gegenstandes verschuldet hat. Der Untergang eines erheblichen Theiles steht einer wesentlichen Verschlechterung des Gegenstandes, das von dem Berechtigten nach §. 278 zu vertretende Verschulden eines Anderen steht dem eigenen Verschulden des Berechtigten gleich.

§. 353.

Hat der Berechtigte den empfangenen Gegenstand oder einen erheblichen Theil des Gegenstandes veräußert oder mit dem Rechte eines Dritten belastet, so ist der Rücktritt ausgeschlossen, wenn bei demjenigen, welcher den Gegenstand in Folge der Verfügung erlangt hat, die Voraussetzungen des §. 351 oder des §. 352 eingetreten sind.

Einer Verfügung des Berechtigten steht eine Verfügung gleich, die im Wege der Zwangsvollstreckung oder der Arrestvollziehung oder durch den Konkursverwalter erfolgt.

§. 354.

Kommt der Berechtigte mit der Rückgewähr des empfangenen Gegenstandes oder eines erheblichen Theiles des Gegenstandes in Verzug, so kann ihm der andere Theil eine angemessene Frist mit der Erklärung bestimmen, daß er die Annahme nach dem Ablaufe der Frist ablehne. Der Rücktritt wird unwirksam, wenn nicht die Rückgewähr vor dem Ablaufe der Frist erfolgt.

§. 356.

Sind bei einem Vertrag auf der einen oder der anderen Seite Mehrere betheiligt, so kann das Rücktrittsrecht nur von allen und gegen alle ausgeübt werden. Erlischt das Rücktrittsrecht für einen der Berechtigten, so erlischt es auch für die übrigen.

§. 372.

Geld, Werthpapiere und sonstige Urkunden sowie Kostbarkeiten kann der Schuldner bei einer dazu bestimmten öffentlichen Stelle für den Gläubiger hinterlegen, wenn der Gläubiger im Verzuge der Annahme ist. Das Gleiche gilt, wenn der Schuldner aus einem anderen in der Person des Gläubigers liegenden Grunde oder in Folge einer nicht auf Fahrlässigkeit beruhenden Ungewißheit über die Person des Gläubigers seine Verbindlichkeit nicht oder nicht mit Sicherheit erfüllen kann.

§. 383.

Ist die geschuldete bewegliche Sache zur Hinterlegung nicht geeignet, so kann der Schuldner sie im Falle des Verzugs des Gläubigers am Leistungsorte versteigern lassen und den Erlös hinterlegen. Das Gleiche gilt in den Fällen des §. 372 Satz 2, wenn der Verderb der Sache zu besorgen oder die Aufbewahrung mit unverhältnißmäßigen Kosten verbunden ist.

Ist von der Versteigerung am Leistungsort ein angemessener Erfolg nicht zu erwarten, so ist die Sache an einem geeigneten anderen Orte zu versteigern.

Die Versteigerung hat durch einen für den Versteigerungsort bestellten Gerichtsvollzieher oder zu Versteigerungen befugten anderen Beamten oder öffentlich angestellten Versteigerer öffentlich zu erfolgen (öffentliche Versteigerung). Zeit und Ort der Versteigerung sind unter allgemeiner Bezeichnung der Sache öffentlich bekannt zu machen.

§. 398.

Eine Forderung kann von dem Gläubiger durch Vertrag mit einem Anderen auf diesen übertragen werden (Abtretung). Mit dem Abschlusse des Vertrags tritt der neue Gläubiger an die Stelle des bisherigen Gläubigers.

§. 433.

Durch den Kaufvertrag wird der Verkäufer einer Sache verpflichtet, dem Käufer die Sache zu übergeben und das Eigenthum an der Sache zu verschaffen. Der Verkäufer eines Rechtes ist verpflichtet, dem Käufer das Recht zu verschaffen und, wenn das Recht zum Besitz einer Sache berechtigt, die Sache zu übergeben.

Der Käufer ist verpflichtet, dem Verkäufer den vereinbarten Kaufpreis zu zahlen und die gekaufte Sache abzunehmen.

§. 446.

Mit der Uebergabe der verkauften Sache geht die Gefahr des zufälligen Unterganges und einer zufälligen Verschlechterung auf den Käufer über. Von der Uebergabe an gebühren dem Käufer die Nutzungen und trägt er die Lasten der Sache.

Wird der Käufer eines Grundstücks vor der Uebergabe als Eigenthümer in das Grundbuch eingetragen, so treten diese Wirkungen mit der Eintragung ein.

§. 447.

Versendet der Verkäufer auf Verlangen des Käufers die verkaufte Sache nach einem anderen Orte als dem Erfüllungsorte, so geht die Gefahr auf den Käufer über, sobald der Verkäufer die Sache dem Spediteur, dem Frachtführer oder der sonst zur Ausführung der Versendung bestimmten Person oder Anstalt ausgeliefert hat.

Hat der Käufer eine besondere Anweisung über die Art der Versendung ertheilt und weicht der Verkäufer ohne dringenden Grund von der Anweisung ab, so ist der Verkäufer dem Käufer für den daraus entstehenden Schaden verantwortlich.

§. 459.

Der Verkäufer einer Sache haftet dem Käufer dafür, daß sie zu der Zeit, zu welcher die Gefahr auf den Käufer übergeht, nicht mit Fehlern behaftet ist, die den Werth oder die Tauglichkeit zu dem gewöhnlichen oder dem nach dem Vertrage vorausgesetzten Gebrauch aufheben oder mindern. Eine unerhebliche Minderung des Werthes oder der Tauglichkeit kommt nicht in Betracht.

Der Verkäufer haftet auch dafür, daß die Sache zur Zeit des Ueberganges der Gefahr die zugesicherten Eigenschaften hat.

§. 460.

Der Verkäufer hat einen Mangel der verkauften Sache nicht zu vertreten, wenn der Käufer den Mangel bei dem Abschlusse des Kaufes kennt. Ist dem Käufer ein Mangel der im §. 459 Abs. 1 bezeichneten Art in Folge grober Fahrlässigkeit unbekannt geblieben, so haftet der Verkäufer, sofern er nicht die Abwesenheit des Fehlers zugesichert hat, nur, wenn er den Fehler arglistig verschwiegen hat.

§. 461.

Der Verkäufer hat einen Mangel der verkauften Sache nicht zu vertreten, wenn die Sache auf Grund eines Pfandrechts in öffentlicher Versteigerung unter der Bezeichnung als Pfand verkauft wird.

§. 462.

Wegen eines Mangels, den der Verkäufer nach den Vorschriften der §§. 459, 460 zu vertreten hat, kann der Käufer Rückgängigmachung des Kaufes (Wandelung) oder Herabsetzung des Kaufpreises (Minderung) verlangen.

§. 463.

Fehlt der verkauften Sache zur Zeit des Kaufes eine zugesicherte Eigenschaft, so kann der Käufer statt der Wandelung oder der Minderung Schadensersatz wegen Nichterfüllung verlangen. Das Gleiche gilt, wenn der Verkäufer einen Fehler arglistig verschwiegen hat.

§. 464.

Nimmt der Käufer eine mangelhafte Sache an, obschon er den Mangel kennt, so stehen ihm die in den §§. 462, 463 bestimmten Ansprüche nur zu, wenn er sich seine Rechte wegen des Mangels bei der Annahme vorbehält.

§. 465.

Die Wandelung oder die Minderung ist vollzogen, wenn sich der Verkäufer auf Verlangen des Käufers mit ihr einverstanden erklärt.

§. 466.

Behauptet der Käufer dem Verkäufer gegenüber einen Mangel der Sache, so kann der Verkäufer ihn unter dem Erbieten zur Wandelung und unter Bestimmung einer angemessenen Frist zur Erklärung darüber auffordern, ob er Wandelung verlange. Die Wandelung kann in diesem Falle nur bis zum Ablaufe der Frist verlangt werden.

§. 467.

Auf die Wandelung finden die für das vertragsmäßige Rücktrittsrecht geltenden Vorschriften der §§. 346 bis 348, 350 bis 354, 356 entsprechende Anwendung; im Falle des §. 352 ist jedoch die Wandelung nicht ausgeschlossen, wenn der Mangel sich erst bei der Umgestaltung der Sache gezeigt hat. Der Verkäufer hat dem Käufer auch die Vertragskosten zu ersetzen.

§. 469.

Sind von mehreren verkauften Sachen nur einzelne mangelhaft, so kann nur in Ansehung dieser Wandelung verlangt werden, auch wenn ein Gesammtpreis für alle Sachen festgesetzt ist. Sind jedoch die Sachen als zusammengehörend verkauft, so kann jeder Theil verlangen, daß die Wandelung auf alle Sachen erstreckt wird, wenn die mangelhaften Sachen nicht ohne Nachtheil für ihn von den übrigen getrennt werden können.

§. 470.

Die Wandelung wegen eines Mangels der Hauptsache erstreckt sich auch auf die Nebensache. Ist die Nebensache mangelhaft, so kann nur in Ansehung dieser Wandelung verlangt werden.

§. 471.

Findet im Falle des Verkaufs mehrerer Sachen für einen Gesammtpreis die Wandelung nur in Ansehung einzelner Sachen statt, so ist der Gesammtpreis in dem Verhältnisse herabzusetzen, in welchem zur Zeit des Verkaufs der Gesammtwerth der Sachen in mangelfreiem Zustande zu dem Werthe der von der Wandelung nicht betroffenen Sachen gestanden haben würde.

§. 474.

Sind auf der einen oder der anderen Seite Mehrere betheiligt, so kann von jedem und gegen jeden Minderung verlangt werden.

Mit der Vollziehung der von einem der Käufer verlangten Minderung ist die Wandelung ausgeschlossen.

§. 476.

Eine Vereinbarung, durch welche die Verpflichtung des Verkäufers zur Gewährleistung wegen Mängel der Sache erlassen oder beschränkt wird, ist nichtig, wenn der Verkäufer den Mangel arglistig verschweigt.

§. 477.

Der Anspruch auf Wandelung oder auf Minderung sowie der Anspruch anf Schadensersatz wegen Mangels einer zugesicherten Eigenschaft verjährt, sofern nicht der Verkäufer den Mangel arglistig verschwiegen hat, bei beweglichen Sachen in sechs Monaten von der Ablieferung, bei Grundstücken in einem Jahre von der Uebergabe an. Die Verjährungsfrist kann durch Vertrag verlängert werden.

Beantragt der Käufer gerichtliche Beweisaufnahme zur Sicherung des Beweises, so wird die Verjährung unterbrochen. Die Unterbrechung dauert bis zur Beendigung des Verfahrens fort. Die Vorschriften des §. 211 Abs. 2 und des §. 212 finden entsprechende Anwendung.

Die Hemmung oder Unterbrechung der Verjährung eines der im Abs. 1 bezeichneten Ansprüche bewirkt auch die Hemmung oder Unterbrechung der Verjährung der anderen Ansprüche.

§. 478.

Hat der Käufer den Mangel dem Verkäufer angezeigt oder die Anzeige an ihn abgesendet, bevor der Anspruch auf Wandelung oder auf Minderung verjährt war, so kann er auch nach der Vollendung der Verjährung die Zahlung des Kaufpreises insoweit verweigern, als er auf Grund der Wandelung oder der Minderung dazu berechtigt sein würde. Das Gleiche gilt, wenn der Käufer vor der Vollendung der Verjährung gerichtliche Beweisaufnahme zur Sicherung des Beweises beantragt oder in einem zwischen ihm und einem späteren Erwerber der Sache wegen des Mangels anhängigen Rechtsstreite dem Verkäufer den Streit verkündet hat.

Hat der Verkäufer den Mangel arglistig verschwiegen, so bedarf es der Anzeige oder einer ihr nach Abs. 1 gleichstehenden Handlung nicht.

§. 479.

Der Anspruch auf Schadensersatz kann nach der Vollendung der Verjährung nur aufgerechnet werden, wenn der Käufer vorher eine der im §. 478 bezeichneten Handlungen vorgenommen hat. Diese Beschränkung tritt nicht ein, wenn der Verkäufer den Mangel arglistig verschwiegen hat.

§. 480.

Der Käufer einer nur der Gattung nach bestimmten Sache kann statt der Wandelung oder der Minderung verlangen, daß ihm an Stelle der mangelhaften Sache eine mangelfreie geliefert wird. Auf diesen Anspruch finden die für die Wandelung geltenden Vorschriften der §§. 464 bis 466, des §. 467 Satz 1 und der §§. 469, 470, 474 bis 479 entsprechende Anwendung.

Fehlt der Sache zu der Zeit, zu welcher die Gefahr auf den Käufer übergeht, eine zugesicherte Eigenschaft oder hat der Verkäufer einen Fehler arglistig verschwiegen, so kann der Käufer statt der Wandelung, der Minderung oder der Lieferung einer mangelfreien Sache Schadensersatz wegen Nichterfüllung verlangen.

§. 494.

Bei einem Kaufe nach Probe oder nach Muster sind die Eigenschaften der Probe oder des Musters als zugesichert anzusehen.

§. 495.

Bei einem Kaufe auf Probe oder auf Besicht steht die Billigung des gekauften Gegenstandes im Belieben des Käufers. Der Kauf ist im Zweifel unter der aufschiebenden Bedingung der Billigung geschlossen.

Der Verkäufer ist verpflichtet, dem Käufer die Untersuchung des Gegenstandes zu gestatten.

§. 496.

Die Billigung eines auf Probe oder auf Besicht gekauften Gegenstandes kann nur innerhalb der vereinbarten Frist und in Ermangelung einer solchen nur bis zum Ablauf einer dem Käufer von dem Verkäufer bestimmten angemessenen Frist erklärt werden. War die Sache dem Käufer zum Zwecke der Probe oder der Besichtigung übergeben, so gilt sein Schweigen als Billigung.

§. 868.

Besitzt Jemand eine Sache als Nießbraucher, Pfandgläubiger, Pächter, Miether, Verwahrer oder in einem ähnlichen Verhältnisse, vermöge dessen er einem Anderen gegenüber auf Zeit zum Besitze berechtigt oder verpflichtet ist, so ist auch der Andere Besitzer (mittelbarer Besitz).

§. 929.

Zur Uebertragung des Eigenthums an einer beweglichen Sache ist erforderlich, daß der Eigenthümer die Sache dem Erwerber übergiebt und beide darüber einig sind, daß das Eigenthum übergehen soll. Ist der Erwerber im Besitze der Sache, so genügt die Einigung über den Uebergang des Eigenthums.

§. 930.

Ist der Eigenthümer im Besitze der Sache, so kann die Uebergabe dadurch ersetzt werden, daß zwischen ihm und dem Erwerber ein Rechtsverhältniß vereinbart wird, vermöge dessen der Erwerber den mittelbaren Besitz erlangt.

§. 931.

Ist ein Dritter im Besitze der Sache, so kann die Uebergabe dadurch ersetzt werden, daß der Eigenthümer dem Erwerber den Anspruch auf Herausgabe der Sache abtritt.

§. 989.

Der Besitzer ist von dem Eintritte der Rechtshängigkeit an dem Eigenthümer für den Schaden verantwortlich, der dadurch entsteht, daß in Folge seines Verschuldens die Sache verschlechtert wird, untergeht oder aus einem anderen Grunde von ihm nicht herausgegeben werden kann.

§. 1235.

Der Verkauf des Pfandes ist im Wege öffentlicher Versteigerung zu bewirken.

Hat das Pfand einen Börsen- oder Marktpreis, so findet die Vorschrift des §. 1221 Anwendung.

§. 1236.

Die Versteigerung hat an dem Orte zu erfolgen, an dem das Pfand aufbewahrt wird. Ist von einer Versteigerung an dem Aufbewahrungsort ein angemessener Erfolg nicht zu erwarten, so ist das Pfand an einem geeigneten anderen Orte zu versteigern.

§. 1237.

Zeit und Ort der Versteigerung sind unter allgemeiner Bezeichnung des Pfandes öffentlich bekannt zu machen. Der Eigenthümer und Dritte, denen Rechte an dem Pfande zustehen, sind besonders zu benachrichtigen; die Benachrichtigung darf unterbleiben, wenn sie unthunlich ist.

§. 1245.

Der Eigenthümer und der Pfandgläubiger können eine von den Vorschriften der §§. 1234 bis 1240 abweichende Art des Pfandverkaufs vereinbaren. Steht einem Dritten an dem Pfande ein Recht zu, das durch die Veräußerung erlischt, so ist die Zustimmung des Dritten erforderlich. Die Zustimmung ist demjenigen gegenüber zu erklären, zu dessen Gunsten sie erfolgt; sie ist unwiderruflich.

Auf die Beobachtung der Vorschriften des §. 1235, des §. 1237 Satz 1 und des §. 1240 kann nicht vor dem Eintritte der Verkaufsberechtigung verzichtet werden.

§. 2371.

Ein Vertrag, durch den der Erbe die ihm angefallene Erbschaft verkauft, bedarf der gerichtlichen oder notariellen Beurkundung.

§. 2380.

Der Käufer trägt von dem Abschlusse des Kaufes an die Gefahr des zufälligen Unterganges und einer zufälligen Verschlechterung der Erbschaftsgegenstände. Von diesem Zeitpunkt an gebühren ihm die Nutzungen und trägt er die Lasten.

Druck von Otto Walter in Berlin S.

FSC
www.fsc.org
MIX
Papier | Fördert
gute Waldnutzung
FSC® C083411

Kolibri 360 GmbH
Ferdinand-Jühlke-Straße 7
99095 Erfurt, Deutschland
produktsicherheit@kolibri360.de